V. Raymond Edman

Von Gott geführt

Anleitung zum täglichen Vertrauen

Raymond Edman

Von Gott geführt

Anleitung zum täglichen Vertrauen

Edman, V. Raymond:
Von Gott geführt
Anleitung zum täglichen Vertrauen

ISBN 3-89436-419-9

Die amerikanische Originalausgabe ist erschienen unter dem Titel:
»In step with God«, Moody Press Chicago

Die deutsche Ausgabe erschien erstmalig 1973 unter dem Titel:
»Fürchte dich nicht - Ich helfe dir« im Verlag Hermann Schulte, Wetzlar.

Satz: Print Eisenherz GmbH, Berlin
Umschlaggestaltung: GRAPHWORKS Mediendesign,
Sven Gerhardt, Bad Endbach
Druck: Ebner & Spiegel, Ulm

Printed in Germany

Inhalt

Einführung

Die Bibel ist voll von Verheißungen und Beispielen, wie Gott seine Kinder führt, wenn sie ihm vertrauen und gehorchen. Gottes Sache ist es, die Seinen zu führen und zu versorgen; unsere Sache ist es, ihm zu vertrauen und zu gehorchen. Weil er von jedem Anfang schon das Ende kennt und weiß, was das Beste für uns ist, führt er uns auf rechter Straße, selbst dann, wenn wir manchmal nicht verstehen, weshalb wir einen bestimmten Weg gehen sollen. Ein bekanntes Lied bringt das so zum Ausdruck:

> Ist auch die Zukunft meinem Blick verhüllt,
> vertrau ich still.
> Seitdem ich weiß, dass sich dein Plan erfüllt,
> vertrau ich still.
> Seh ich nicht mehr als nur den nächsten Schritt,
> mir ist's genug! Mein Herr geht selber mit.

Davon handelt dieses kleine Buch.

V. Raymond Edman

1

Gottes Gegenwart

»Mein Angesicht wird mitgehen
und dich zur Ruhe bringen.«
(2. Mose 33,14)

Gott hört und erhört Gebet. Die Bibel verheißt das an zahlreichen Stellen. Jemand fasste diese Wahrheit einmal in folgende ernste Worte:

»Ich weiß nicht, auf welche Weise es geschieht,
aber ich weiß: Gott erhört Gebet.
Ich weiß nicht, wann er mir sagt,
dass mein Gebet erhört ist,
ich weiß, dass es früher oder später sein wird;
wir müssen nur beten und warten.
Ich weiß nicht, ob der begehrte Segen
strömend kommen wird, und so,
wie ich es mir vorgestellt habe.
Ich überlasse alles einfach Gott,
denn sein Wille ist weiser als der Meine.«

Mose hatte ernstlich um Führung gebetet: *»Und nun, wenn ich also Gunst gefunden habe in deinen Augen, dann lass mich doch deine Wege erkennen ...«* (2. Mose 33,13).

Die Antwort auf diese Bitte war die Zusicherung Gottes, des Allerhöchsten, dass er seinen Diener niemals im Stich lassen würde.

Die Reise war lang und der Weg unbekannt. Viele

Schwierigkeiten und grimmige Feinde tauchten auf. Doch im Licht der verheißenen Gegenwart Gottes waren diese Umstände von keinerlei Bedeutung.

Die Gewissheit der Gegenwart Gottes ist eine Tatsache und keine Phrase. Der Allmächtige selbst versprach seinem Volk, dass er es auf der Reise durch die Wüste ständig begleiten werde. Sichtbar bestätigte er diese Verheißung durch die Wolken- und Feuersäule.

Dieselbe Verheißung finden wir immer wieder in der Heiligen Schrift, zum Beispiel in dem bekannten Wort des auferstandenen Heilands an die ersten Christen: *»Und siehe, ich bin bei euch alle Tage bis zur Vollendung des Zeitalters«* (Matthäus 28,20).

Als der Apostel Paulus von allen Seiten bedrängt und verfolgt wurde, durfte er in Korinth die Wirklichkeit der Gegenwart Gottes erfahren.

Wir lesen darüber in der Apostelgeschichte: *»Der Herr aber sprach durch eine Erscheinung in der Nacht zu Paulus: Fürchte dich nicht, sondern rede, und schweige nicht! Denn ich bin mit dir, und niemand soll dich angreifen, dir Böses zu tun; denn ich habe ein großes Volk in dieser Stadt.«* Und das Ergebnis davon war: *»Und er hielt sich ein Jahr und sechs Monate auf und lehrte unter ihnen das Wort Gottes«* (Apostelgeschichte 18,9-11).

Wiederum, fast am Ende seines Lebens, konnte derselbe Apostel, obwohl ihn im entscheidenden Augenblick alle im Stich gelassen hatten, in der Gerichtsverhandlung vor dem Kaiser dieses Zeugnis ablegen: *»Der Herr aber stand mir bei und stärkte mich, damit durch mich die Predigt vollbracht werde und alle die aus den Nationen hören möchten; und ich bin gerettet worden aus dem Rachen des Löwen. Der Herr wird mich retten von jedem bösen Werk und mich in sein himmlisches Reich hineinretten. Ihm sei die Herrlichkeit von Ewigkeit zu Ewigkeit! Amen«* (2. Timotheus 4,17-18).

Mir wurde diese Tatsache zum ersten Mal bewusst, als ich noch jung im Glauben war. Mit 18

Jahren nahm ich Jesus als meinen persönlichen Retter in mein Leben auf. Direkt nach dem Abitur meldete ich mich freiwillig zum Militärdienst. Nach einer Kurzausbildung in den Vereinigten Staaten fuhr ich mit dem Schiff nach Frankreich. Dort wurde ich dem 28. Infanterie-Regiment der berühmten Ersten Division zugeteilt.

Nach Unterzeichnung des Waffenstillstands im November 1918 zogen die Erste Division und andere amerikanische Einheiten ostwärts hinter der aufgelösten deutschen Armee, die sich auf dem Rückzug befand, durch Luxemburg und Westdeutschland zum Rhein hin. Durch die langen, mühevollen Märsche waren die Truppen ziemlich erschöpft. Aber trotz Erschöpfung überquerten einige Einheiten - meine eingeschlossen - den Rhein nach einer nur sehr kurzen Verzögerung von einem Tag, um einen Brückenkopf zur Verteidigung der Stadt Koblenz zu bilden.

Es schneite heftig, dennoch marschierten wir weiter. An jenem Tag wurde ich zum ersten und einzigen Mal während meiner Militärzeit krank. Ich konnte nicht weiter und blieb am Weg liegen.

Am späten Abend packte ich meine Habseligkeiten zusammen und machte mir mein Nachtlager auf dem Fußboden eines Schulzimmers. Abendessen gab es nicht.

Am nächsten Morgen zogen wir weiter. Das Wetter hatte sich aufgehellt und die Temperatur war bis unter Null gefallen. Unseren Bestimmungsort erreichten wir am frühen Nachmittag. Meine Gruppe war in einem miserablen Gebäude untergebracht, das bisher als Unterkunft für russische Gefangene gedient hatte. Wir hatten aber doch wenigstens ein Dach über dem Kopf. Die Wände waren nicht mehr ganz in Ordnung, der Fußboden war hart, und durch die Fenster zog es ständig. Immerhin entdeckten wir einen alten Eisenofen, mit dessen Hilfe wir uns doch ein bisschen warm halten konnten. Wir schliefen auf dem Fußboden und waren froh, dass er, wenn auch hart und kalt, jedenfalls trocken war. Nach der langen Zeit, in der wir auf offenem Feld im Regen und Matsch gelegen hatten, war das ein großer Vorteil, fast schon ein Luxus.

Jeden Morgen ging's ganz früh im tiefen Schnee hinaus zum Manöver. Doch jedes Mal hatten wir die Gewissheit, zur Nacht wieder die gleiche Unterkunft aufsuchen zu können. Offensichtlich war die Zeit des Marschierens mit unbekanntem Ziel nun vorbei - jedenfalls zunächst einmal.

Und dann rückte auch Weihnachten näher.

Meine Halsschmerzen hatten sich zu einer schlimmen Mandelentzündung entwickelt. Niemand konnte mich behandeln.

Einen Tag vor Weihnachten - wir warteten gerade auf den Gong zum Essen - traf ein Läufer vom Hauptquartier mit dem Befehl ein, fünf Männer zur C-Kompanie zu verlegen. Wir befanden uns zu der Zeit bei der B-Kompanie und hatten keine Ahnung, wo sich die C-Kompanie aufhielt. Keiner von uns hatte Lust, verlegt zu werden, und jeder versuchte, unauffällig im Hintergrund zu bleiben. Der Sergeant traf jedoch eine sofortige Entscheidung und befahl: »Edman, Sie sind für diese Gruppe verantwortlich«, und wies mir vier Männer zu.

Während sie ihre paar Habseligkeiten, die ein Soldat nun einmal bei sich trägt, zusammenpackten, schlüpfte ich in einen angrenzenden Raum, eine wohl seit langem unbenutzte Gaststube. Hier kniete ich an einer Bank nieder und betete ernstlich, aber unhörbar: »Lieber Herr, ich fühle mich so kraftlos. Ich kann unmöglich, wie mir befohlen ist, zur C-Kompanie gehen.«

In diesem Augenblick wurde mir die Gegenwart Gottes ganz deutlich und spürbar bewusst. Es war nichts, was man hätte sehen oder fühlen können, aber Gott war wirklich da. In der Tiefe meines verzagten

Herzens hörte ich ihn sagen: »Ich werde mit dir gehen!« Das war alles, aber es war genug.

Mit dieser inneren Gewissheit erhob ich mich, packte meine Sachen, nahm die Anweisungen entgegen und zog mit den paar Männern hinaus in die bittere Kälte und den tiefen Schnee.

Bei Einbruch der Dunkelheit erreichten wir das kleine Dorf Boden. Der erste Sergeant der C-Kompanie hatte ein Zimmer für uns bereitgestellt - in einem Wohnhaus, nicht in einer Gefängnisbaracke!

Nachdem wir unser Zeug auf den Fußboden gelegt hatten, ging ich in die Küche und setzte mich ans wärmende Feuer. Mit meinen geringen Deutschkenntnissen versuchte ich, mich mit unserer »Hausmutter« zu unterhalten. Sie schaute mich prüfend an und meinte: »Sie sind krank!« Ich widersprach und beteuerte, dass es mir nicht ausgesprochen schlecht ginge. Aber sie bestand darauf, dass ich nicht in dem kalten Raum schlafen dürfe.

Stattdessen führte sie mich eine Wendeltreppe hinauf ins Dachgeschoss ihres Hauses. Dort zeigte sie auf ein großes Doppelbett mit Daunendecken. Ihr jüngerer Bruder, der kürzlich von einer langen Dienstzeit in der deutschen Armee zurückgekehrt war, lag krank in diesem Bett. Sie steckte mich mit in dieses Bett. Wie gut das tat: eine weiche Matratze unter mir und ein dickes, warmes Federbett über mir. Bis meine Mandelentzündung auskuriert war, durfte ich hier bleiben.

Gott wollte mir zu Weihnachten statt des harten Fußbodens einer Gefängnisbaracke ein warmes Federbett bescheren! Das Beste jedoch, was er mich dabei lehren wollte, war die Realität seiner ununterbrochenen Gegenwart. Jedes Gotteskind, das dem Herrn vertraut und ihm gehorcht, darf mit dieser ständigen Gegenwart Gottes rechnen.

2

Gottes Verheißung für die Sanftmütigen

*»Er leitet die Sanftmütigen im Recht
und lehrt die Sanftmütigen seinen Weg.«*
(Psalm 25,9)

Andrew Murray von Südafrika war am Ende des vorigen Jahrhunderts einer der gesegnetsten Gottesmänner seiner Zeit. Er besaß eine umfassende Bibelkenntnis. Seine Schriften zeugen von einer innigen Gemeinschaft mit dem allmächtigen Gott, die für den Leser herzerquickend und zugleich herzerforschend ist. Seine erbaulichen Schriften, sind noch heute in vielen Sprachen über die ganze Erde verbreitet. Obwohl Andrew Murray nicht mehr lebt, spricht er immer noch zu uns.

Diejenigen, die ihn gekannt haben, berichten von seinem kindlichen, ungekünstelten Glauben, seiner Anspruchslosigkeit, Liebenswürdigkeit und Demut. Er war seinem Herrn Jesus Christus leidenschaftlich hingegeben. Diese Hingabe spürt man aus allen seinen Büchern.

Amy Carmichael beschreibt in einem ihrer Bücher ihre Begegnung mit Andrew Murray während einer Keswick Konferenz in England. Sie war neugierig, ob er wohl das in seinen Büchern Geschriebene auch selber auslebte, und sie fand ihn sogar weit besser!

Gleich zu Beginn der Konferenz erlebte Murray etwas sehr Schmerzvolles. Er sprach jedoch mit niemandem darüber. Später erfuhr Amy Carmichael dann, dass er seine innere Einstellung zum Leid schriftlich niedergelegt hatte:

»Wenn du über deiner Situation fragend wirst, sage dir Folgendes:

1. Gott brachte mich hierher; es ist nach seinem Willen, dass ich mich in dieser schwierigen Lage befinde. Darin will ich ruhen.

2. Gott wird mich hier in seiner Liebe bewahren und mir Gnade geben, mich in dieser Prüfung als sein Kind zu bewähren.

3. Gott wird die Not in Segen verwandeln und mich dadurch eine Lektion lehren, die ich auf keine andere Weise lernen könnte. Er wird in mir die Gnade wirken, die er mir gerade für diese Situation zugedacht hat.

4. Gott kann mich zu seiner Zeit wieder aus der Not herausführen - wie und wann, weiß er allein. Sage: Ich bin hier -

1. nach Gottes Absicht;
2. unter seinem Schutz;
3. in seiner Schule;
4. solange er will.«

Diese Wahrheit ist zeitlos. Gottes Diener begriff die Realität der göttlichen Verheißung aus Psalm 25,9: *»Er leitet die Sanftmütigen im Recht und lehrt die Sanftmütigen seinen Weg.«*

Gott sagt uns, dass er dem Hochmütigen widersteht, aber dem Demütigen Gnade schenkt. Er ist um diejenigen besorgt, die demütigen Geistes sind und gering von sich denken. Er kümmert sich um die Bescheidenen und Anspruchslosen. Sie sind es, die er lehren und seine Wege führen kann. Doch die Arroganten, Eingebildeten und Stolzen sind ihm zuwider.

Die Verheißung, dass Gott wirklich die Elenden und Demütigen seine Wege lehrt, ist die Antwort auf ihre Bitte: *»Deine Wege, HERR, tue mir kund, deine Pfade lehre* *mich! Leite mich in deiner Wahrheit und lehre mich, denn du bist der Gott meines Heils; auf dich harre ich den ganzen Tag«* (Psalm 25,4-5).

Menschen, die zerknirscht und nicht streitsüchtig sind, bereit, sich unterzuordnen, selbstlos sowie empfänglich für das Wirken des Heiligen Geistes und nicht eigensinnig, sind in der geistlichen Verfassung, die die Voraussetzung dafür ist, Gottes Willen in den jeweiligen Umständen erkennen zu können.

Die Bibel enthält ernste Warnungen gegen die Härte des hochmütigen Herzens, die es dem Ohr unmöglich macht, auf Gott zu hören. In Psalm 95,7-8 erinnert uns Gott daran, dass wir *»das Volk seiner Weide und die Herde seiner Hand«* sind, und warnt uns, indem er sagt: *»Heute, wenn ihr seine Stimme hört, verhärtet euer Herz nicht, wie zu Meriba, wie am Tag von Massa in der Wüste.«* Die Ermahnung wird im dritten Kapitel des Hebräer-Briefes mehrmals mit einer Ergänzung wiederholt: *»Seht zu, Brüder, dass nicht etwa in jemandem von euch ein böses Herz des Unglaubens sei im Abfall vom lebendigen Gott, sondern ermuntert einander jeden Tag, solange es ›heute‹ heißt, damit niemand von euch verhärtet werde durch Betrug der Sünde!«* (Hebräer 3,12-13).

Die Ursache für die Empfindungslosigkeit des inneren Ohres ist also der *»Betrug der Sünde«*.

Wir können nicht eigenwillig und selbstsicher und zur gleichen Zeit offen für die Stimme Gottes sein. Nur die Demütigen und Elenden - solche, die auf die Wege des Herrn achten - werden von Gott geführt.

Unser geistliches Empfindungsvermögen kann auf fast unmerkliche Weise gestört oder gar zerstört werden. Wenn wir durch Undankbarkeit oder Gleichgültigkeit anderer gekränkt sind; wenn wir missverstanden werden und unsere innere Empörung zur Bitterkeit wird; wenn wir in ein falsches Licht gestellt werden und uns in unserem Ärger zu bösen Worten hinreißen lassen und dabei jemand verwunden; wenn wir ungeduldig mit den Langsamen sind, verdrießlich wegen der Kleinlichkeit unserer Mitmenschen und ärgerlich über ihre Fehler, machen uns diese Reibereien in unserem Inneren unempfindlich, hart und gleichgültig gegenüber Gottes Stimme.

Neid und Hass bringen unsere Gefühlswelt in Unordnung und zerstören unsere Empfänglichkeit für die Stimme des Heiligen Geistes. Im Gegensatz dazu haben diejenigen, die sich selbst erniedrigen und gefügig sind, das hörende Ohr und das gehorsame Herz. Sie haben von dem Demütigen und Sanftmütigen, Jesus Christus, gelernt. Die Ruhe ihrer Seele führt zur Bereitschaft ihres Herzens, sich unterweisen und raten zu lassen.

Die Sanftmütigen werden auf den Wegen Gottes geführt und lernen unterwegs wertvolle Lektionen.

In der Tasche eines unbekannten Soldaten, der während eines Krieges in den USA fiel, wurde folgende Aufzeichnung gefunden:

> »Ich bat Gott um Kraft, um Erfolg zu haben - und erhielt Schwachheit, damit ich Demut und Gehorsam lernte.
>
> Ich bat um Gesundheit, um größere Leistungen vollbringen zu können - und ich empfing Krankheit, um Besseres leisten zu können.
>
> Ich bat um Reichtum, um glücklich zu sein - ich erhielt Armut, damit ich weise würde.
> Ich bat um Macht, um von den Menschen anerkannt zu werden - ich erhielt Hilflosigkeit, damit ich von Gott abhängig würde.
>
> Ich bat um alles Schöne, um das Leben genießen zu können - ich erhielt das Leben, um alles Schöne genießen zu können.
>
> Ich bekam nicht, um was ich gebeten hatte - aber alles, was ich erhofft hatte. Fast gegen

meinen Willen wurden meine unausgesprochenen Gebete erhört.

Ich bin im Vergleich zu anderen besonders reich gesegnet.«

Jesus Christus lehrte, dass den geistlich Armen das Himmelreich gehört - es ist in ihrem Herzen. Die Sanftmütigen ererben das Land - das heißt, sie bekommen alles, was sie wirklich brauchen. Und die Barmherzigen werden Barmherzigkeit erlangen. Die, die reinen Herzens sind, schauen Gott in allen Umständen ihres Lebens, und die Friedfertigen sind Gottes Kinder. Menschen dieser Art tut Gott immer seine Wege kund.

3

Ausliefern und Vertrauen

»Vertraue auf den HERRN und tue Gutes; wohne im Land und hüte Treue; und habe deine Lust am HERRN, so wird er dir geben, was dein Herz begehrt. Befiehl dem HERRN deinen Weg und vertraue auf ihn, so wird er handeln.«
(Psalm 37,3-5)

Psalm 37,5 ist der Hauptschlüssel, der alle Verheißungen über die Führung Gottes in unserem Leben aufschließt.

Georg Müller von England hatte gelernt, dem allmächtigen Gott zu vertrauen und zu gehorchen. Seine Lebensgeschichte ist ein beständiges Zeugnis der Treue Gottes, und seine Schriften sind eine bleibende Hilfe für jeden, der Gott kennen lernen möchte.

»Wie erkennen Sie den Willen Gottes in den verschiedenen Lebenslagen?«, wurde Georg Müller eines Tages gefragt.

Nachdem er darüber nachgedacht und gebetet hatte, antwortete er:

> »Zunächst versuche ich, mein Herz in eine solche Verfassung zu bringen, dass es nicht mehr seinen eigenen Willen durchsetzen will.
>
> Danach überlasse ich das Ergebnis aber nicht einfach dem Gefühl oder irgendeinem

Eindruck. Dadurch würde ich mich großen Täuschungen aussetzen.

Drittens suche ich den Willen des Geistes Gottes durch oder in Verbindung mit dem Wort Gottes. Der Geist und das Wort Gottes müssen übereinstimmen. Achte ich nur auf den Geist, ohne Gottes Wort zu lesen, kann ich ebenfalls gefährlichen Täuschungen unterliegen. Wenn der Heilige Geist uns überhaupt leitet, dann nur in Übereinstimmung mit der Heiligen Schrift, aber niemals im Gegensatz dazu.

Als Nächstes betrachte ich die äußeren Umstände. Sehr oft können wir daraus Gottes Willen klar erkennen - in Verbindung mit Gottes Wort und seinem Geist.

Fünftens bitte ich Gott, mir seinen Willen direkt zu offenbaren.

Nach Gebet, Bibelstudium und reichlichem Überlegen entscheide ich mich schließlich nach bestem Wissen und Gewissen. Ist mein Herz von Frieden erfüllt und bleibt dieser Friede nach einiger Zeit weiteren Wartens vor dem Herrn, dann handle ich gemäß der gewonnenen Erkenntnis.«

Dazu gab Georg Müller ein praktisches Beispiel: Wenn er den Eindruck hatte, er sollte zu einem evangelistischen Einsatz von England, seiner »Adoptivheimat«, nach Deutschland, seinem Geburtsland, gehen, legte er die ganze Angelegenheit in Gottes Hand. Wenn große Schwierigkeiten, ja Unmöglichkeiten auftauchten, ließ er sich nicht davon erschüttern. Er war überzeugt: Gottes Wille geschieht in jedem Fall.

Wenn die Schwierigkeiten jedoch überhand nahmen, legte er die ganze Sache beiseite in der Überzeugung, dass sie nicht Gottes Willen entspräche. Friede des Herzens vor Gott sei der entscheidende Prüfstein für die Gewissheit.

Psalm 37,5 enthält drei grundsätzliche Faktoren der Führung Gottes, die ganz einfach, aber wirkungsvoll sind.

Zuerst geht es um die *Übergabe*. Das ist ein Vorgang, bei dem wir das Problem vor uns sehen und es endgültig und unwiderruflich dem allmächtigen Gott überlassen. Er lehrt uns in seinem Wort, unser Anliegen auf den Herrn zu werfen, weil er uns versorgen werde (Psalm 55,23). In 1. Petrus 5,7 lesen wir ebenfalls: »... *indem ihr alle eure Sorge auf ihn werft! Denn er ist besorgt für euch.*«

Der erste Schritt ist der schwierigste. Georg Müller wusste das und sagte: »Neun Zehntel aller Schwierigkeiten sind überwunden, wenn unsere Herzen bedingungslos bereit sind, Gottes Willen zu tun, worum immer es sich auch handeln mag.« Übergabe heißt ganz einfach, sich von dem Problem oder Anliegen lösen und es Gott überlassen.

Es ist etwa so, als wenn man einen Brief in den Briefkasten wirft. Der Inhalt des Briefes kann für uns äußerst wichtig sein. Vielleicht ist er so dringend, dass wir postwendend eine Rückantwort erwarten. In jedem Fall ist uns aber klar, dass der Brief nicht befördert werden kann, wenn wir ihn nicht völlig der Post und ihren Bestimmungen überlassen. Wir können den Brief weder sehen noch zurückhalten, nachdem wir ihn einmal der Post übergeben haben.

Der zweite Faktor heißt *Vertrauen*. Das ist eine Haltung, die einfach auf die Übergabe folgt. Wenn wir den Brief aufgegeben haben, können wir ganz ruhig sein: Die zuständigen Personen werden sich bemühen, den Brief ordnungsgemäß zu befördern. Es besteht kein Grund zur Sorge.

Ich erinnere mich in diesem Zusammenhang an das Zeugnis eines Geschäftsmannes. Er erzählte von seinen Befürchtungen, als er seine Brieftasche mit den Tageseinnahmen seines Lebensmittelgeschäftes zur Bank brachte. Die Straße war dunkel und ziemlich einsam. Es bestand die Gefahr, von Räubern überfallen zu werden. Als der Geschäftsmann jedoch das Geld in den Nachttresor seiner Bank geworfen hatte, fühlte er sich ungemein erleichtert. Bei der Bank waren seine Einnahmen sicher. Warum sollte er sich also auf dem Heimweg Sorgen um sein Geld machen?

Nachdem wir eine Angelegenheit Gott völlig überlassen haben, können wir gewiss sein, dass sie in seiner Hand gut aufgehoben ist. Er vermag zu seiner Zeit und auf seine Weise »weit mehr zu tun, als wir bitten oder verstehen«.

Es wäre doch dumm, nachdem wir einen Brief in den Briefkasten geworfen haben, zurückzugehen und zu warten, bis ihn der Postbeamte herausholt und befördert. Krankhaftes Misstrauen könnte man ein solches Verhalten nennen.

Wäre es von jenem Geschäftsmann nicht auch töricht gewesen, wenn er die ganze Nacht in der Nähe der Bank verbracht hätte, um sich zu vergewissern, dass sein Geld im Tresor auch wirklich ganz sicher sei? »Das ist der Gipfel der Dummheit«, würden wir kopfschüttelnd sagen.

Und doch sind manche von uns immer noch über eine Sache beunruhigt, wenn wir sie angeblich Gott überlassen haben.

Es besteht tatsächlich die Möglichkeit, einen kleinen Zipfel unseres Problems festzuhalten und es nicht restlos Gott auszuliefern. Solange wir den Brief noch selbst in der Hand halten, kann er nicht befördert werden. Ebenso werden wir auch keine göttliche Führung erleben, wenn wir die Angelegenheit nicht völlig in Gottes Hand legen.

Der dritte Faktor bezieht sich ausschließlich auf Gott. Der Vorgang der Übergabe und die Haltung des Glaubens liegen im Bereich unserer Verantwortung. Das

Handeln danach ist Gottes Sache. »... *so wird er handeln*« (Psalm 37,5). Der Grundtext lautet: »Und er wirkt.«

Wie wird Gott mit der Angelegenheit, die ich ihm völlig überlassen habe, fertig werden? Wann wird die Antwort kommen? Wen wird Gott dazu gebrauchen, mein Gebet zu erhören? Wohin wird er mich als Antwort auf mein Gebet führen? Auf welche Weise wird mein Problem gelöst werden? Wird die Antwort schnell oder langsam eintreffen? Wird sie ohne weiteres als Antwort zu erkennen sein?

Was für törichte Fragen können doch in uns aufsteigen!

Solche und ähnliche Fragen sind ganz nebensächlich. Gott hat tausend, zehntausend, nein unzählige Weisen, Gebete zu erhören, Möglichkeiten, die unsere Vorstellungskraft weit übersteigen. An uns ist es, zu vertrauen, nachdem wir ihm alles übergeben haben. Handeln wird dann er.

Ein englisches Gedicht lautet etwa so: »Sage nicht, meine Seele: ›Woher soll meine Hilfe kommen?‹ Denke daran, dass der allmächtige Gott überall seine Diener hat. Seine Hilfe ist immer sicher, seine Methoden meist unerwartet. Verzögerungen läutern unser Verlangen, Überraschungen haben einen besonderen Reiz. Gottes Weisheit und Liebe sind über alles erhaben. Gott eilt der Zeit nie voraus, bleibt aber auch nie hinter ihr zurück. Trägst du sie für Gott, sollte er dann versagen und dich im Stich lassen?«

Hier liegt das Geheimnis der Führung Gottes in unserem Leben: Wir müssen uns und unsere Angelegenheiten völlig ihm übergeben und im Vertrauen auf Gott ruhen. Dann wird er zu seiner Zeit und auf seine Weise handeln, wobei er stets nur unser Bestes im Auge hat.

Nichts ist der Ruhe des Herzens vergleichbar, das Gott alles überlässt, ihm vertraut, gehorcht und furchtlos in Geduld und dankbarer Erwartung Gott die Ehre gibt.

4

Geduld

»Denn Ausharren habt ihr nötig, damit ihr, nachdem ihr den Willen Gottes getan habt, die Verheißung davontragt.«
(Hebräer 10,36)

Der Zweck eines Abstellgleises ist für die Reisenden nicht sofort erkennbar. Angenommen, wir machen eine weite Reise mit dem Zug. Wir genießen die Bequemlichkeiten im Zug, die Aussicht und alles, was eine solche Reise bieten kann. Wir verlassen uns darauf, dass wir fahrplanmäßig ankommen, und kümmern uns nicht um nähere Zusammenhänge.

Plötzlich aber verlangsamt der Zug seine Geschwindigkeit. Wir schauen aus dem Fenster, entdecken weit und breit weder einen Bahnhof noch ein Dorf. Warum muss der Zug hier halten? Wozu vergeudet er kostbare Zeit, die zur Verspätung führen könnte? Schließlich kommt er ganz zum Stehen, auf einer Strecke, die keinerlei interessante Sehenswürdigkeiten zu bieten hat. Wir finden keine Erklärung.

Doch dann beobachten wir, dass der Zug auf einem Abstell- oder Nebengleis einen entgegenkommenden Zug vorbeifahren lassen muss. Jetzt verstehen wir die scheinbare Verzögerung! Offensichtlich war das Abstellgleis an diesem Ort eingeplant, damit die Züge aus entgegengesetzter Richtung gefahrlos vorbeisausen könnten. Ohne ein solches Abstellgleis käme es unweigerlich zum Zusammenstoß. Die Folgen wollen wir uns lieber nicht ausmalen!

Auch das Leben hat seine Abstellgleise - und zwar aus gutem Grund. Die Frage ist nur, ob wir ihren Wert erkennen, ob wir in Geduld warten oder mit Volldampf leichtsinnig weiterrasen. Abstellgleise des Lebens sind von Gott in seiner Weisheit eingeplant.

Der Psalmist bekennt: *»Ich aber, ich habe auf dich vertraut, HERR; ich sagte: Du bist mein Gott! In deiner Hand sind meine Zeiten ...«* (Psalm 31,15-16).

An einer anderen Stelle versichert uns Gottes Wort: *»Denn meine Gedanken sind nicht eure Gedanken, und eure Wege sind nicht meine Wege, spricht der HERR. Denn so viel der Himmel höher ist als die Erde, so sind meine Wege höher als eure Wege und meine Gedanken als eure Gedanken«* (Jesaja 55,8-9).

Die Verzögerung bestimmter Lebensentscheidungen dient zu unserem Besten. Gottes Absichten mögen uns nicht sofort einleuchten, aber sie sind wirklich in unserem Interesse. Gott bestätigt uns in seinem Wort: *»Denn ich kenne ja die Gedanken, die ich über euch denke, spricht der HERR, Gedanken des Friedens und nicht zum Unheil, um euch Zukunft und Hoffnung zu gewähren«* (Jeremia 29,11).

Wenn uns die Verzögerung auf dem Abstellgleis völlig unnötig erscheinen mag, so lasst uns das bekannte Wort aus Römer 8,28 zitieren: *»Wir wissen aber, dass denen, die Gott lieben, alle Dinge zum Guten mitwirken ...«*

Wir wollen versuchen, die gleiche Gewissheit zu haben wie der Apostel Paulus im Gefängnis in Rom, als er schrieb: *»Ich will aber, dass ihr wisst, Brüder, dass meine Umstände mehr zur Förderung des Evangeliums ausgeschlagen sind«* (Philipper 1,12).

Ruhe und Stille sind in einer solchen Zeit weitaus besser als fieberhafte Aktivität.

»Nur Arbeit war sein Leben ...« - wie oft lesen wir diesen Satz auf den Grabsteinen vielbeschäftigter Leute, die sich keine Zeit zur Ruhe nahmen, auch nicht, als sie durch Schmerzen oder Krankheit gewarnt worden waren.

Aber es gibt auch andere Beispiele. Ich denke da an einen der kraftvollsten Hochschullehrer, die ich je gekannt habe, einen, der bis in seine siebziger Jahre noch Vorlesungen hielt. Für eine Zeit von fünf Jahren, nachdem er seine Doktorarbeit abgeschlossen hatte, gab es auch für ihn ein zunächst ungewolltes, aber doch wohlweislich von Gott eingeplantes Abstellgleis: Aus gesundheitlichen Gründen ließ er sich bei einer Gruppe von Streckenarbeitern des Telefonbaus einstellen. Fünf Jahre körperlicher Arbeit an der frischen Luft stellten seine Gesundheit völlig wieder her. In dieser Zeit hatte er für die Jahrzehnte erfolgreicher Tätigkeit, die ihm noch bevorstanden, Energie gesammelt. Im Vergleich zu seiner langen Lehrtätigkeit bedeutete die Zeit von fünf Jahren auf dem Abstellgleis nur eine relativ kurze Zeit.

Der Psalmist kannte diese Wahrheit auch aus Erfahrung und schrieb: *»Du hast Gutes getan an deinem Knecht, Herr, nach deinem Wort! ... Bevor ich gedemütigt wurde, irrte ich. Jetzt aber halte ich dein Wort ... Ich habe erkannt, HERR, dass deine Gerichte Gerechtigkeit sind und dass du mich in Treue gedemütigt hast«* (Psalm 119,65.67.75).

Auf dem Nebengleis, wenn wir beiseite genommen werden, lernen wir Geduld. Wir fangen an, die Verse aus Jakobus 1,2-4 zu verstehen: *»Haltet es für lauter Freude, meine Brüder, wenn ihr in mancherlei Versuchungen geratet, indem ihr erkennt, dass die Bewährung eures Glaubens Ausharren bewirkt. Das Ausharren aber soll ein vollkommenes Werk haben, damit ihr vollkommen und vollendet seid und in nichts Mangel habt.«*

Auf dem Nebengleis wird der Lokführer nicht ungeduldig pfeifen. Und auch wir sollten in entsprechender Situation nicht aus der Haut fahren. Es wäre sinnlos, auszusteigen und einfach loszumarschieren oder vielleicht zu versuchen, den Zug anzuschieben oder im Gang ärgerlich auf und ab zu laufen. Ebenso sinnlos wäre es, schmollend dazusitzen, weil wir nicht vom Fleck kommen, oder gar den Lokführer zu beschuldigen, dass er Zeit vergeude.

Sehen wir die Sache doch positiv: Im stehenden Zug kann man viel besser lesen oder nachdenken als im fahrenden!

Auch hier wollen wir auf den Psalmisten hören: »*Es war gut für mich, dass ich gedemütigt wurde, damit ich deine Ordnungen lernte*« (Psalm 119,71).

Der Aufenthalt auf dem Nebengleis dauert nicht endlos. Das Nebengleis ist keineswegs Ziel der Strecke; die Reise hört dort nicht auf. Ist die Gefahr durch den entgegenkommenden Zug vorbei, wird das Signal zur Weiterfahrt gegeben. Der Zweck der Unterbrechung ist erreicht. Tatsächlich haben wir durch den Stillstand keine Zeit verloren und können nun ungehindert und ohne Furcht weiterreisen.

So kommt dann der Augenblick, wo Gott - wie damals zu seinem Volk - sagen wird: »*Lange genug seid ihr an diesem Berg geblieben. Wendet euch, brecht auf ...*« (5. Mose 1,6-7a).

Manchmal ist der Aufenthalt auf einem Nebengleis unseres Lebens relativ kurz, manchmal dauert er länger. Nachdem Jesus im Jordan getauft war, verbrachte er vierzig Tage in der Wüste, bevor er seinen Dienst in der Öffentlichkeit begann. Der Apostel Paulus war drei Jahre in der Wüste von Arabien. Gerade diese scheinbar vergeudete Zeit brachte ihm eine besonders innige Beziehung zum Herrn und ein klares Verständnis des Evangeliums ein (Galater 1,11-18).

Joseph verbrachte ungefähr vierzehn Jahre als Sklave und später als Gefangener in Ägypten, obwohl er völlig unschuldig war. Die Bibel lehrt uns, dass es die göttliche Vorsehung war, die Joseph nach Ägypten brachte, und dass alles, was Gott in seinem Leben zuließ, zur »Lebensrettung« Israels mitwirkte (1. Mose 45,5; Psalm 105,17-20). Die Zeit auf dem Abstellgleis seines Lebens dauerte so lange, bis Gottes Wort und seine Absicht erfüllt waren.

Wenn wir uns daher in unserem Leben auf einem Abstellgleis befinden, lasst uns geduldig und voller Zuversicht warten. *»Lasst ab und erkennt, dass ich Gott bin ...«* (Psalm 46,11a). Immer noch gilt Gottes Prinzip: *»Durch Umkehr und durch Ruhe werdet ihr gerettet. In Stillsein und in Vertrauen ist eure Stärke«* (Jesaja 30,15). Die Umgebung des Nebengleises ist möglicherweise uninteressant, aber eines werden wir dort in jedem Fall erfahren: *»Aber die auf den HERRN hoffen, gewinnen neue Kraft ...«* (Jesaja 40,31a).

Das Nebengleis ist nicht das Ende der Strecke, nicht das Ziel. Aber es bewahrt uns vor Gefahren. Dort wird unser ruheloser Geist auf eine gesunde Weise erzogen, bis wir freudig unseren Weg fortsetzen können.

5

In der Dunkelheit

»Auch wenn ich wandere im Tal des Todesschattens, fürchte ich kein Unheil, denn du bist bei mir; dein Stecken und dein Stab, sie trösten mich.«
(Psalm 23,4)

Ein Tunnel auf einer Eisenbahnstrecke ist zu einem ganz bestimmten Zweck eingeplant. Es ist kein Zufallsprodukt. Die »Tunnelerfahrungen« im Leben eines Christen sind ebenfalls nicht zufällig und auch nicht ungewöhnlich.

Plötzlich oder allmählich, wie beispielsweise in einem Europa-Express, der durch bergiges Land fährt, kommen wir an einen dunklen Ort, einen Tunnel. Wie auch vorher im Zug ist es uns bewusst, dass wir uns vorwärtsbewegen, obwohl äußerlich davon nichts sichtbar ist. Wir empfinden nur die Finsternis und hören vielleicht einige Geräusche. Für den Reisenden bedeutet der Tunnel keinerlei Grund zur Aufregung oder Angst. Es ist ihm klar, dass der Tunnel einen bestimmten Zweck erfüllt: Es ist der einfachste Weg, um durch die Berge zu kommen. Deshalb ist der Tunnel auch der beste Weg. Wenn die Eisenbahn durch einen Berg hindurchfahren kann, gewinnt sie viel Zeit. Es wäre äußerst mühsam und kompliziert, einen hohen Pass überwinden zu müssen. Die Tunnelstrecke ist demnach der kürzeste und sicherste Weg. Keineswegs ist ein Tunnel nur eine Nebensache oder gar mit einer Sackgasse zu vergleichen, die nirgendwo hinführt. Früher oder später, je nach Länge des Tunnels, gelangt der Zug wieder ins Sonnenlicht, und die Reisenden genießen die Aussicht auf Berge und Täler, Wälder und Flüsse, Straßen und liebliche Wiesen umso mehr. Eigentlich war der Tunnel nur eine kurze Unterbrechung zwischen dem vergangenen und gegenwärtigen Sonnenschein.

So besteht auch die Möglichkeit, sich im Zentrum von Gottes Willen zu befinden und trotzdem für eine gewisse Zeit im Dunkeln zu gehen, ohne irgendein Licht vom Herrn zu haben.

Natürlich kann Dunkelheit auch das Ergebnis unseres Ungehorsams sein. Der Herr Jesus selbst hat uns gelehrt, dass er das Licht der Welt ist und dass die, die ihm nachfolgen, nicht in der Finsternis wandeln, sondern das Licht des Lebens haben (Johannes 8,12). Ihm zu folgen heißt, in seinem Licht zu wandeln. Ihm voranzulaufen bedeutet, in unserem eigenen Schatten zu gehen und allen Gefahren des Stolperns und Fallens ausgesetzt zu sein. Auch könnten wir den Weg verfehlen, den wir vielleicht einschlagen sollten. Es ist wirklich wahr, dass Gottes Wort unseres Fußes Leuchte und ein Licht auf unserem Wege ist (Psalm 119,105). So, wie eine kleine Taschenlampe an einem dunklen Ort hell scheint, so gibt uns eine einzige Verheißung des Herrn ausreichendes Licht für den nächsten Schritt oder für eine bestimmte Situation.

Aber es gibt auch eine Erziehung durch die Finsternis, die unser treuer Herr beabsichtigt, um uns *»verborgene Schätze«* (Jesaja 45,3) zu zeigen, die wir im Licht nie erfahren könnten.

Annie Johnson Flint drückte diesen Gedanken in ihrem Gedicht »Die erhörten Gebete« so aus: »Ich betete um Licht, doch die Sonne ging in den Wolken unter, und der Mond war durch neblige Zweifel verdunkelt.

Die Sterne des Himmels verschwammen in der Angst dieser Welt. Auch mein kleines Kerzenlicht ging aus. Doch während ich im Schatten saß, eingehüllt in die Nacht, erhellte das Angesicht Jesu meine Finsternis. Ich betete um Frieden und träumte von behaglicher Ruhe, von einem Schlummer, der mich meine Schmerzen vergessen ließ, von friedevoller Rast. Doch die Wolken über mir ballten sich zu einem heftigen Sturm zusammen, und heftiger wurde der Angriff meiner Feinde. Während der Kampf jedoch wütete und der Sturm brauste, hörte ich Jesu Stimme und erfuhr seinen vollkommenen Frieden.«

Befinden wir uns wegen unseres Ungehorsams in der Finsternis, liegt unsere einzige Hilfe darin, zum Herrn zurückzukehren. Dann werden wir ihn neu als unser Licht und unser Heil finden. Wenn wir in seinem Willen und trotzdem in der Dunkelheit sind, müssen wir einfach weitergehen, genauso wie sich der Zug durch den Tunnel fortbewegt. Ein Tunnel erfüllt nämlich nicht den gleichen Zweck wie ein Abstell- oder Nebengleis. Ich habe noch nie einen Tunnel auf einem Abstellgleis gesehen.

Während der Gläubige langsam, aber beständig vorwärts geht, mitten durch den Tunnel des düsteren Alltags hindurch, wird er durch den Bibeltext aufgefordert: *»Wer in der Finsternis lebt und wem kein Lichtglanz scheint, vertraue auf den Namen des HERRN und stütze sich auf seinen Gott!«* (Jesaja 50,10).

Unser Herr hat viele Namen. Einer der kostbarsten ist *Jahwe-ra-ah,* das heißt: *»Der Herr ist mein Hirte«* (Psalm 23,1). Unser Hirte wird seinen Weg niemals verfehlen. Er ist mit uns im Tal und im Tunnel. Weder die Wüste noch die Dunkelheit noch irgendeine Schwierigkeit können ihn in Verlegenheit bringen. Sein Name ist Ausdruck seines Charakters. Wenn wir über ihn nachdenken, wird unser Verstand erleuchtet und unser Glaube gestärkt.

Von den Gottesfürchtigen, die in Zeiten geistlicher

Finsternis und geistlichen Abfalls lebten, wird berichtet: *»Da redeten die miteinander, die den HERRN fürchteten, und der HERR merkte auf und hörte. Und ein Buch der Erinnerung wurde vor ihm geschrieben für die, die den HERRN fürchten und seinen Namen achten«* (Maleachi 3,16). Und in Vers 17 wird ihnen eine große Befreiung verheißen.

Ein anderer Name Gottes ist *Jahwe-jireh,* was bedeutet: *»Der Herr wird ersehen«* (1. Mose 22,14). In einer Zeit außergewöhnlicher geistlicher Anspannung und Finsternis erfuhr Abraham die Wahrheit dieses großen Namens Gottes. Wenn wir dem Herrn gehorchen und zaghaft in der Dunkelheit vorangehen, fragen wir uns selbst wohl oft: »Wie wird Gott in dieser Not für mich sorgen?« Diese Frage ist wirklich ganz unnötig. Es ist für uns nicht von Bedeutung zu wissen, wie Gott helfen wird. Wir brauchen lediglich zu wissen, wer für uns sorgt. Solange wir den kennen, der es tun wird, brauchen wir uns nicht den Kopf zu zerbrechen oder uns zu beunruhigen, wie Gott wohl eingreifen wird. Seine Wege sind immer höher als unsere Wege, so hoch, wie der Himmel über der Erde ist (Jesaja 55,9). Lass Gott Gott sein und lass ihn für sich handeln, so wie er es für richtig hält, und du wirst staunen, wie wunderbar er alles hinausführen wird!

Wir sollen auf Gott harren, das heißt unbeweglich, unerschütterlich und ohne Furcht auf ihn vertrauen. Er, der uns bisher geleitet hat, wird auch jetzt nicht versagen. Es ist für ihn eine Freude, wenn wir ihm vertrauen, selbst wenn wir ihn im Augenblick nicht verstehen. In der Dunkelheit sollen wir beten und in Geduld unbeirrt weitergehen in dem Bewusstsein, dass die Dunkelheit nicht für immer anhält. Mit Ausdauer müssen wir das Ziel anstreben, sogar in der Dunkelheit, und nicht stillstehen, aufgeben oder gar umkehren.

Im »Tunnel« können wir in der Zuversicht bestärkt werden, dass dies der richtige Weg ist. Es ist der Weg, den Gott für uns ausgesucht hat. Und dieser Weg führt ohne Zweifel ans Ziel. Im Tunnel gibt es keinen Kreisverkehr und auch keine Sackgassen.

Wenn wir im Dunkeln mutig voranschreiten, machen wir Fortschritte. Tag für Tag kommen wir ein Stück weiter. Unser »Tunnel« wird dann ein Ort des Sieges und Lobpreises und nicht ein Ort der Angst und der Verzweiflung.

Joseph ging während seiner vierzehn Jahre als Sklave und Gefangener in Ägypten durch einen langen »Tunnel«. Manche »Tunnelstrecken« des Lebens können ebenso lang sein, andere sind wesentlich kürzer. Daniel befand sich zum Beispiel nur eine Nacht in der Löwengrube, und bei Tagesanbruch wurde das volle Ausmaß der Bewahrung und Fürsorge Gottes offenbar.

Der Tunnel ist dazu da, dass wir hindurchgehen, und der Herr verheißt: *»Ich bin bei dir«* (Jesaja 43,2).

6

In Gefahr

»Wer ist unter euch, der den HERRN fürchtet, der auf die Stimme seines Knechtes hört? Wer in Finsternis lebt und wem kein Lichtglanz scheint, vertraue auf den Namen des HERRN und stütze sich auf seinen Gott! Siehe, ihr alle, die ihr ein Feuer anzündet, mit Brandpfeilen euch rüstet: Lauft hinein in die Glut eures Feuers und in die Brandpfeile, die ihr angesteckt habt! Von meiner Hand geschieht euch das. In Qualen sollt ihr daliegen.«

(Jesaja 50,10-11)

Jesaja 50,10 ist eine der großen, wunderbaren Verheißungen des Herrn für seine Kinder, die durch Anfechtungen gehen. Sie lehrt uns, dass wir in der Dunkelheit niemals an dem zweifeln sollen, was uns Gott im Licht gesagt hat. Weiter zeigt sie uns, dass wir dem Herrn gehorchen, ihm grenzenlos vertrauen und auch in der Dunkelheit unbeirrt weitergehen sollen.

Vers 11 ist ebenso wichtig, obwohl dieser Vers oft übersehen wird. Er stellt einen Imperativ dar, eine dringende Warnung, kein eigenes Feuer anzuzünden, wenn wir uns im Dunkeln befinden. Manche haben gedacht, diese Stelle - *»Siehe, ihr alle, die ihr ein Feuer anzündet, mit Brandpfeilen euch rüstet: Lauft hinein in die Glut eures Feuers und in die Brandpfeile, die ihr angesteckt habt!«* - sei unklar oder stehe sogar in keiner Verbindung mit Vers 10. In Wirklichkeit ist Vers 10 eng mit Vers 11 verbunden. Der eine Vers ist wesentlicher Bestandteil des anderen.

In der Dunkelheit, die wir in unserem geistlichen Leben erfahren, können wir Gott begegnen. Er spricht sowohl im Dunkel als auch im Licht. Der Herr Jesus ermahnte uns:

»Was ich euch sage in der Finsternis, redet im Licht, und was ihr ins Ohr geflüstert hört, ruft aus auf den Dächern!« (Matthäus 10,27). In der Dunkelheit sollen wir aufmerksam zuhören und so lange nicht selbst reden, bis wir wieder im Licht sind.

Während uns dunkle Schatten umgeben, sind wir versucht, unkontrolliert zu reden. Die Seele, die keine klare Sicht hat, weil alles um sie herum dunkel ist, steht in der Gefahr, töricht zu murren und zu klagen. Wenn sich ein Kind Gottes im tiefen Schatten unter der Wolke Gottes befindet, soll es weitergehen, aber nicht laufen, umkehren oder stehen bleiben.

Die Dunkelheit ist kein Problem für den Herrn. Deutlich sagt die Heilige Schrift: *»Auch Finsternis würde vor dir nicht verfinstern, und die Nacht würde leuchten wie der Tag, die Finsternis wäre wie das Licht«* (Psalm 139,12). Auf dunklen Wegen lasst uns an die tröstende Zusicherung aus Psalm 138,7 denken: *»Wenn ich auch mitten in Bedrängnis wandeln muss - du belebst mich. Gegen den Zorn meiner Feinde wirst du deine Hand ausstrecken, und deine Rechte wird mich retten.«*

Die Finsternis, die sich über unseren Geist legt, mag durch die unerklärliche Verzögerung einer dringend benötigten Hilfe hervorgerufen sein. Finsternis kann auch entstehen, wenn wir durch andere enttäuscht werden. Nach außen geben wir zwar nicht zu, von Gott enttäuscht zu sein, aber solche Gefühle können leicht in uns Raum gewinnen. In der Dunkelheit, die durch eine Verzögerung oder eine Enttäuschung verursacht wurde, müssen wir uns immer wieder daran erinnern, dass wir mit Gott voranzugehen haben und uns vor der Glut unseres eigenen Feuers zu hüten haben. Tun wir das nicht, werden wir in Schweigen liegen müssen.

Die traurige Erfahrung des Königs Saul ist in dieser Hinsicht für uns sehr lehrreich. In 1. Samuel 13 lesen wir über die Bedrängnis, in die König und Volk durch die grausamen Feinde geraten waren. Nun schauten sie sehnsüchtig nach Hilfe durch den Propheten Samuel aus. Eine Woche lang wartete der König auf den Mann Gottes, aber er kam nicht zur versprochenen Zeit. Unter starkem Gemütsdruck befahl der König dann, das Opfer auf den Altar zu legen, und er selbst opferte das Brandopfer. Dies war ihm jedoch nicht erlaubt, da diese Handlung das Vorrecht der Priester war. Aber der König meinte, nicht länger warten zu können, und ergriff selbst die Initiative. Seine Handlung offenbarte seinen mangelnden Glauben an Samuel und an Gott, ebenso aber auch seine fehlende Ehrfurcht vor dem allmächtigen Gott.

Kaum hatte er das Opfer gebracht, da kam Samuel und fragte: *»Was hast du getan?«* Der König versuchte, sich zu rechtfertigen, und erklärte: *»Weil ich sah, dass das Volk von mir auseinanderlief, und du kamst nicht zur bestimmten Zeit, während die Philister sich schon bei Michmas versammelt hatten, da dachte ich: Jetzt werden die Philister zu mir nach Gilgal herabkommen, und ich habe das Angesicht des HERRN noch nicht gesucht. Da wagte ich es und opferte das Brandopfer«* (1. Samuel 13,11-12).

Wegen der durch die Verzögerung hervorgerufenen Dunkelheit traf er eine folgenschwere Entscheidung. Der Mann Gottes musste dem König sagen: *»Du hast töricht gehandelt! Du hast das Gebot des HERRN, deines Gottes, nicht gehalten, das er dir geboten hat. Denn gerade jetzt hätte der HERR dein Königtum über Israel für immer bestätigt; nun aber wird dein Königtum nicht bestehen. Der HERR hat sich einen Mann gesucht nach seinem Herzen, und der HERR hat ihn zum Fürsten über sein Volk bestellt;*

denn du hast nicht gehalten, was der HERR dir geboten hatte« (1. Samuel 13,13-14).

Die Dunkelheit in Sauls Leben war von Gott zugelassen worden, um den Charakter des Königs zu prüfen - und er versagte jämmerlich. Und das erklärt auch die Prüfung durch Wolken und Dunkelheit, durch die du vielleicht jetzt gerade gehst. Aber du kannst die Prüfung bestehen, indem du in der Dunkelheit unbeirrt vorwärts gehst, im Gehorsam und Vertrauen auf Gott. Du machst Gottes Plan zunichte, indem du eine Entscheidung erzwingst oder, um im Bild des erwähnten Bibelverses zu bleiben, durch die Funken des Eigenwillens ein Feuer anzündest.

Einen Gegensatz dazu bildet die Erfahrung des Apostels Paulus in 2. Korinther 2,12-13: *»Als ich aber zur Verkündigung des Evangeliums Christi nach Troas kam und mir eine Tür geöffnet wurde im Herrn, hatte ich keine Ruhe in meinem Geist, weil ich Titus, meinen Bruder, nicht fand, sondern ich nahm Abschied von ihnen und zog fort nach Mazedonien.«* Gottes Diener war ernstlich um das Wohlergehen des Titus, seines Mitarbeiters, besorgt. Es gab keine Erklärung, warum Titus seine Verabredung nicht eingehalten hatte. Paulus sorgte sich nicht um sich selbst oder beschwerte sich gar über seinen jungen Bruder in Christus. Wichtiger war, dass es für Jesus viel zu tun gab. Ruhig und mit dem Frieden Gottes im Herzen, nicht unter dem Druck und dem Einfluss des Feindes, ging Paulus nach Mazedonien. Er hatte gelernt, seine Zuversicht allein auf Gott zu setzen, der dafür sorgt, dass denen, die ihn lieben, alles zum Guten mitwirkt. Darum konnte er auch bekennen: *»Gott aber sei Dank, der uns allezeit im Triumphzug umherführt in Christus und den Geruch seiner Erkenntnis an jedem Ort durch uns offenbart!«* (2. Korinther 2,14).

Unser eigenes Herz, nicht die Finsternis, ist das größte Gefahrenelement. Wenn wir bereit sind, auf Gottes Wegen zu wandeln, sei es auch in der Dunkelheit, und auf sein Licht zu warten, werden wir seine nie versagende Treue und Güte erfahren. Der Prophet Micha wusste das und konnte sagen: *»Ich aber, ich will nach dem HERRN ausschauen, will warten auf den Gott meines Heils; mein Gott wird mich erhören. Freue dich nicht über mich, meine Feindin! Denn bin ich gefallen, stehe ich wieder auf; wenn ich auch in Finsternis sitze, ist der HERR doch mein Licht«* (Micha 7,7-8). Sollte die Finsternis aber auf unseren Ungehorsam zurückzuführen sein; so können wir mit dem Propheten sprechen: *»Das Zürnen des HERRN will ich tragen - denn ich habe gegen ihn gesündigt -, bis er meinen Rechtsstreit führt und mir Recht verschafft. Er wird mich herausführen an das Licht, ich werde seine Gerechtigkeit anschauen«* (Micha 7,9).

Der Psalmist wusste auch um diese Wahrheit, wenn er sagte: *»Den Aufrichtigen strahlt Licht auf in der Finsternis. Er ist gnädig und barmherzig und gerecht«* (Psalm 112,4).

Gott wird zu seiner Zeit und auf seine Weise, keinen Augenblick zu spät, selbst zum Licht und zur Erlösung für die vertrauende Seele, die es ablehnt, ein eigenes Feuer inmitten der Finsternis anzuzünden. Ein solcher Mensch wird freudig aufwärts schauen und nicht *»in Qualen ... daliegen«*.

7

Gottes Führung

»Nach dem Befehl des HERRN brachen die Söhne Israel auf, und nach dem Befehl des HERRN lagerten sie; alle Tage, während die Wolke auf der Wohnung ruhte, lagerten sie.«
(4. Mose 9,18)

Soll ich jetzt eine Pause machen und auf weitere Anweisungen Gottes warten? Oder soll ich weitergehen? Muss ich für unbestimmte Zeit an meinem jetzigen Ort und in meinen augenblicklichen Umständen bleiben? Wenn ja, wie lange? Darf ich im Glauben vorwärts gehen, in dem Wissen, dass der, der bisher mit mir war, mich auch weiterhin leiten wird, selbst dann, wenn kein Weg in Sicht ist? Soll ich langsam gehen oder wegen der Dringlichkeit der Angelegenheit schnell laufen?

In Sprüche 3,5-6 werden uns praktische Hinweise mit einer großen Verheißung auf derartige Fragen gegeben: *»Vertraue auf den HERRN mit deinem ganzen Herzen und stütze dich nicht auf deinen Verstand! Auf all deinen Wegen erkenne nur ihn, dann ebnet er selbst deine Pfade!«*

Ein weiteres Wort dieser Art steht in Sprüche 4,11-12: *»Im Weg der Weisheit unterweise ich dich, lasse dich gehen auf geraden Bahnen. Wenn du gehst, wird dein Schreiten nicht beengt sein, und wenn du läufst, wirst du nicht stürzen.«*

Aber wie kann ich erkennen, was ich gerade jetzt tun soll? Gott hat versprochen, unser Führer zu sein. Seine Aufgabe ist, uns zu leiten, unsere, ihm zu folgen. Doch der völlige Gehorsam und Glaube in der Nachfolge des Herrn lässt sich nicht in einem Augenblick, in einem Monat oder noch längerer Zeit lernen. Es braucht ständige Erfahrungen über längere Zeit hin.

Die Lektion in 4. Mose 9 und 10 kann uns eine große Hilfe sein: Die Kinder Israel zogen in ein für sie unbekanntes Gebiet. Sie waren nicht vertraut mit der riesigen Wüste zwischen ihnen und dem verheißenen Land. Aber Gott hatte ihnen die Verheißung seiner Fürsorge und seines Schutzes in Form der Wolken- und Feuersäule gegeben. Während der ganzen Reise ging diese Wolken- und Feuersäule vor ihnen her. Sie verkörperte die Gegenwart Gottes inmitten seines Volkes. Am Tag spendete sie ihnen Schatten vor der brennenden Sonne, und in der Nacht leuchtete sie ihnen.

Heute hat das Volk Gottes keine solche äußeren, sichtbaren Zeichen und Beweise göttlicher Gegenwart wie damals das Volk Israel. Doch wir haben die Person des Heiligen Geistes als unseren Führer. Jesus versprach, uns den Heiligen Geist als ständigen Begleiter zu senden. Wir müssen mit der gleichen Beharrlichkeit und Zuversicht auf ihn schauen, wie Israel auf die Wolken- und Feuersäule schaute.

Im Christenleben gibt es zuweilen Zeiten des Verweilens, des Ausruhens und Abwartens. Oft wissen wir nicht, wie lange wir an unserem jetzigen Ort und in den augenblicklichen Umständen bleiben sollen. Wir brauchen das auch nicht zu wissen. Israel blieb jeweils so lange an einem Ort, bis sich die Wolke erhob und sie weiterführte. Das wird in 4. Mose 9,19-20 berichtet: *»Und wenn die Wolke viele Tage auf der Wohnung stehen blieb, verrichteten die Söhne Israel den Dienst des HERRN und brachen nicht auf. Und es kam vor, dass die Wolke nur* *wenige Tage auf der Wohnung war - nach dem Befehl des HERRN lagerten sie sich, und nach dem Befehl des HERRN brachen sie auch auf.«*

Weshalb sie manchmal nur einen oder zwei Tage bleiben sollten, ein anderes Mal aber eine Woche, einen Monat oder noch länger, mag ihnen klar oder unklar gewesen sein. Die Ursache war für sie völlig ohne Bedeutung. Wichtig war allein der Gehorsam. Das gilt auch für uns. Wenn uns Gott an einem bestimmten Ort in eine besondere Verantwortung gestellt hat, sollen wir ihm gerade dort treu sein. Ruhelosigkeit ist eine große Gefahr für den Gehorsam und unser geistliches Leben.

Angenommen, unsere äußeren Umstände sind alles andere als angenehm, und der Ort entspricht in keiner Weise unseren Vorstellungen, das Klima ist schlecht zu ertragen, das Einkommen dürftig, und die Leute um uns her stehen unserem Dienst gleichgültig gegenüber. Da gilt es, an diesem Ort, den der Herr für uns ausgesucht hat, auszuhalten, bis er selbst uns in seiner Treue einen anderen Platz anweist. Kritik und Auflehnung gegen unsere äußeren Umstände veranlassen uns zu den schwerwiegendsten Fehlern, zu voreiligen Entscheidungen, die wir hinterher bereuen. Für uns wie auch einst für Israel bleibt die Tatsache bestehen, dass wir nur im Zentrum des Willens Gottes sicher und geborgen sein können. Wir sollen dort bleiben, wo er uns hingestellt hat, wie lange das auch immer sein mag.

Zu anderen Zeiten dürfen wir dann weitergehen. Für Israel galt: *»Und es kam vor, dass die Wolke nur vom Abend bis zum nächsten Morgen da war und die Wolke sich am Morgen erhob, dann brachen sie auf. Oder einen Tag und eine Nacht - erhob sich die Wolke, so brachen sie auf«* (4. Mose 9,21).

Sowohl Ruhe als auch Ruhelosigkeit können eine Versuchung zum Ungehorsam bedeuten. Wir können mit unseren Umständen so zufrieden sein, so glücklich darin, dass wir keine Veränderung wünschen. Wenn wir hier gebraucht werden und zufrieden sind, wozu dann einen unbekannten Weg einschlagen?

Aber unsere Sicherheit liegt nur darin, der Leitung des Heiligen Geistes zu folgen, so wie Israel der Wolken- und Feuersäule folgte. Gott kannte den Weg und das Ziel. Seine Gegenwart begleitete sie ständig. Gott selbst suchte ihnen einen Ruheplatz aus (4. Mose 10,33).

Der Herr Jesus ist der große Hirte der Schafe. Sicher kennen wir das bekannte Wort: *»Er lagert mich auf grünen Auen, er führt mich zu stillen Wassern. Er erquickt meine Seele. Er leitet mich in Pfaden der Gerechtigkeit um seines Namens willen«* (Psalm 23,2-3). Er gibt uns noch eine weitere Zusage, dass er seine Schafe führt, und wenn sie den Weg nicht kennen, er in Treue vor ihnen hergeht (Johannes 10,4). Wir brauchen ihm nur zu folgen, ohne uns zu fürchten. Er führt.

Für uns wie damals für Israel liegt die Sicherheit und Ruhe des Herzens im völligen Gehorsam dem Herrn gegenüber. *»Nach dem Befehl des HERRN lagerten sie, und nach dem Befehl des HERRN brachen sie auf; sie verrichteten den Dienst des HERRN nach dem Befehl des HERRN durch Mose«* (4. Mose 9,23).

So wurde das Volk Israel ins verheißene Land geführt, und so werden auch wir ans Ziel kommen.

8

Auf Gott warten

»Darum, so spricht der Herr, HERR: Siehe, ich lege in Zion einen Grundstein, einen bewährten Stein, einen kostbaren Eckstein, felsenfest gegründet. Wer glaubt, wird nicht ängstlich eilen.«

(Jesaja 28, 16)

Der Teufel ist wie ein Viehtreiber, der ständig die Peitsche schwingt. Immer ist er in Eile. Er spricht laut, gebieterisch, drängend; er ist immer ungeduldig, besteht auf sofortiger Entscheidung und Handlung, ohne dass man vorher Gelegenheit zum Gebet hätte. Er erweckt den Eindruck, Hast sei immer ein gutes Zeichen und Ausdruck einer gesunden Entschlusskraft.

Als Christen sollten wir es besser wissen. Unter gar keinen Umständen sollten wir der Stimme des Versuchers Gehör schenken und uns von ihm zur Eile antreiben lassen. Wir wissen, dass Gott es niemals eilig hat. Er ist der Gott der Ewigkeit. Von der Demut und Sanftmut Jesu sollen wir lernen und Ruhe für unsere Seele finden. Der Heilige Geist spricht leise und weist uns darauf hin, wie wichtig das Gebet und das Hören auf Gott sind. Wir sollen uns für Gottes Willen entscheiden und nicht für unsere eigenen Ideen, wir sollen im Glauben wandeln und uns nicht von unseren eigenen schwankenden Gefühlen leiten lassen.

Oft besteht der Feind darauf, dass wir in geschäftlichen Angelegenheiten kurzfristig eine Entscheidung treffen, auf der Stelle und natürlich ohne vorher Zeit zum Gebet zu haben. Wenn wir Gott um Weisheit und Führung bitten und auf ihn warten, erhalten wir die Bestätigung des Heiligen Geistes auf eine sanfte, liebevolle Art. Er erinnert uns daran, dass der Christ, der wirklich Gott vertraut, »nicht ängstlich eilen« wird.

Vor Jahren stand ich einmal vor einer wichtigen Entscheidung. Ich hatte den Eindruck, ich sollte meine gegenwärtige Stelle aufgeben und mich verändern. Im rechten Augenblick wies mich ein Mann Gottes darauf hin, wie wichtig es sei, auf Gott zu warten. Er erinnerte mich an das Wort in Jesaja 28,16: *»Wer glaubt, wird nicht ängstlich eilen.«*

Dieser Mann sprach sehr praktisch mit mir. »Das Schuljahr endet nicht vor dem 9. Mai. Du und ich haben bis zu diesem Tag unsere Pflicht hier zu erfüllen. Wir sind dem Herrn gegenüber verantwortlich, bis zu diesem Zeitpunkt unseren Aufgaben treu nachzukommen. Der 9. Mai ist wie die Ecke eines Hauses. Erst an dieser Ecke, diesem Wendepunkt, wird uns Gott zeigen, wie der Weg weitergeht. Wir möchten gern um die Ecke sehen, bevor wir sie überhaupt erreicht haben, und schon weit im Voraus wissen, was Gott von uns erwartet. Ich habe gelernt, im Glauben mit dem Herrn zu gehen und die Pflichten des jeweiligen Tages in der Zuversicht zu erfüllen, dass, wenn ich die Ecke erreiche, er mir die nächste Wegstrecke zeigen wird.«

Warte, bis du an die Ecke kommst! Das ist ein unschätzbarer Rat. Ich habe gelernt, wie wichtig es ist, auf Gott zu warten und nicht übereilt und ohne Gebet irgendwelche Entscheidungen zu fällen.

David gibt uns in Psalm 62,6-7 eine feste Zuversicht: *»Nur auf Gott vertraue still meine Seele, denn von ihm kommt meine Hoffnung. Nur er ist mein Fels und meine Hilfe, meine Festung; ich werde nicht wanken.«*

Und dann gibt es noch die Ermunterung aus Psalm

27,14: *»Harre auf den HERRN! Sei mutig, und dein Herz sei stark, und harre auf den HERRN!«*

Gebet und Geduld bewirken Gelassenheit des Herzens, ein neues Hören auf den Herrn, neue Kraft für Leib und Seele. In Jesaja 40,29-31 wird uns eine herrliche Zusage gegeben: *»Er gibt dem Müden Kraft und dem Ohnmächtigen mehrt er die Stärke. Jünglinge ermüden und ermatten, und junge Männer straucheln und stürzen. Aber die auf den HERRN hoffen, gewinnen neue Kraft: Sie heben die Schwingen empor wie die Adler, sie laufen und ermatten nicht, sie gehen und ermüden nicht.«*

Wenn wir rennen müssen, wird uns Gott die nötige Kraft dazu geben, aber auch zum Weitergehen in Geduld und Ausdauer oder zum Warten, je nachdem die Lage es erfordert. In den täglichen Pflichten und Aufgaben sollen wir in dem Vertrauen vorwärts gehen, dass, wenn wir Gott treu sind, er uns niemals in Dunkelheit oder Verzweiflung führen wird.

Die »Ecke«, der Wendepunkt in unserem Leben, wird kommen! Für mich kam sie an jenem 9. Mai, von dem ich bereits sprach. Am Morgen dieses Tages begrüßte mich ein Freund mit der Frage: »Welche Pläne hast du für den Sommer?« Ich hatte keine. Das Vorhaben, in das ich mich noch vor acht oder zehn Tagen stürzen wollte, hatte sich zerschlagen. So lud mich mein Freund ein, mit ihm nach Boston zu gehen und ihm in seiner Arbeit für den Herrn in Neu-England zu helfen. Diese Wende erwies sich als eine der wichtigsten Entscheidungen meines Lebens.

Möglicherweise befindest du dich in einer ähnlichen Situation, die eine rasche Entscheidung zu erfordern scheint, ohne dir Zeit zum Gebet und Warten auf Gottes Antwort zu lassen. In einer solchen Situation würde der Herr uns mit den Worten aus Jesaja 30,15.18 ermahnen: *»Denn so spricht der Herr, HERR, der Heilige Israels: Durch Umkehr und durch Ruhe werdet ihr gerettet. In Stillsein und in Vertrauen ist eure Stärke. Aber ihr habt* *nicht gewollt. ... Und darum wird der HERR darauf warten, euch gnädig zu sein, und darum wird er sich erheben, sich über euch zu erbarmen. Denn ein Gott des Rechts ist der HERR. Glücklich alle, die auf ihn harren!«*

Unser Wille ist es, der unsere Wahl bestimmt. Das traurige Urteil des Herrn über die Menschen jener Zeit lautete: »*Aber ihr habt nicht gewollt.*« Wenn sie darauf bestanden, ihren eigenen Weg zu gehen, würde er es ihnen erlauben und sie mit all ihren Sorgen sich selbst überlassen.

Es gibt Zeiten, in denen Gott auf uns wartet, und andere, wo wir auf ihn warten. Er wartet darauf, uns gnädig sein zu können. Auf der anderen Seite lernen wir, dass das Wort »*Glücklich alle, die auf ihn harren!*« unsere Seele zur Ruhe bringen kann.

Wenn wir unter dem Druck des Feindes ungeduldig werden und vorwärtsstürmen wollen, gilt es, zu beten und auf Gott zu warten. Dann werden wir ruhiger. Unsere Gefühle kommen durch die Wirkung des Heiligen Geistes zur Ruhe. Wir erkennen, dass wir uns im Zentrum des Willens Gottes befinden, wenn wir vor ihm still sind und auf ihn warten. Wir lernen, mit Gott Schritt zu halten, mit dem Allmächtigen, der niemals rastlos eilt oder unter Zeitdruck handelt.

Gott sagt zu deinem ruhelosen Herzen, das unter dem Druck des Feindes seufzt: »Wer traut, der flieht nicht«, und fügt hinzu: »*Denn nicht in Hast sollt ihr ausziehen und nicht in Flucht weggehen. Denn der HERR zieht vor euch her, und eure Nachhut ist der Gott Israels*« (Jesaja 52,12).

9

Hindernisse

»Deshalb wollten wir zu euch kommen - ich, Paulus - nicht nur einmal, sondern zweimal, und der Satan hat uns gehindert.«
(1. Thessalonicher 2,18)

Ist das Hindernis, das sich dir heute in den Weg stellt, die Bemühung Satans, um dich aufzuhalten, oder die Wirkung des Heiligen Geistes, der dich vor einem falschen Weg bewahren will? Paulus lernte auf seinen Missionsreisen, als er Gottes Führung suchte, beide Möglichkeiten kennen.

»... und der Satan hat uns gehindert« (2. Thessalonicher 2,18b), schrieb er an die Gemeinde in Thessalonich.

»... und der Geist Jesu erlaubte es ihnen nicht« (Apostelgeschichte 16,7), wird von ihm und seinen Mitarbeitern gesagt, als sie in ein bestimmtes Gebiet reisen wollten.

Wenn wir dem folgen, was wir für Gottes Führung halten, landen wir manchmal in schwierigen Umständen, die wir erst entwirren müssen.

Das Hindernis des Teufels, von dem Paulus hier spricht, wird nicht in Einzelheiten geschildert. Wir haben also keine Ahnung, worum es sich genau handelt. Möglicherweise nennt die Heilige Schrift absichtlich keine Einzelheiten, damit wir unsere eigene

Situation leichter unter demselben Aspekt sehen können. Wir sollen mit der Taktik des Teufels vertraut sein, so dass uns seine Gedanken nicht unbekannt sind. Sonst werden wir von ihm verführt. Paulus berichtet darüber in 2. Korinther 2,11.

Satan ist äußerst raffiniert und begegnet den Kindern Gottes in den verschiedensten Tarnungen. Er wird als *»ein Engel des Lichts«* und seine Diener als *»Diener der Gerechtigkeit«* (2. Korinther 11,14-15) beschrieben. In seiner Raffinesse kann er sogar sehr fromm auftreten und die Heilige Schrift für seine Zwecke verdrehen. So machte er es, als er Jesus in der Wüste versuchte (Matthäus 4,1-11). Manchmal zeigt sich der Teufel sehr religiös, ein anderes Mal als brüllender Löwe. Er kann sowohl listig als grausam sein und wird mit Recht derjenige, *»der den ganzen Erdkreis verführt«*, genannt (Offenbarung 12,9).

John Bunyan hatte einen tiefen Einblick in geistliche Wahrheiten. Er beschreibt den Charakter Satans in seinem Buch »Die Pilgerreise« sehr deutlich. In einem Kapitel versucht der Feind, »Christ« auf seinem Weg zur Stadt des großen Königs aufzuhalten. Als der Pilger darauf bestand weiterzugehen, weil er sich auf die Vergebung durch das Blut Jesu berief, wurde Apollyon schrecklich wütend und sagte: »Ich bin ein Feind dieses Fürsten. Ich hasse ihn, sein Gesetz und sein Volk; ich bin extra deswegen herausgekommen, um dir zu widerstehen.«

Trotzdem ist Satan ein bereits besiegter Feind, auch wenn er nicht immer leicht zu überwinden ist - *»weil der in euch größer ist als der in der Welt«*. Diese trostvolle Zusicherung finden wir in 1. Johannes 4,4.

»Und sie haben ihn überwunden wegen des Blutes des Lammes und wegen des Wortes ihres Zeugnisses« (Offenbarung 12,11) ist eine weitere Ermutigung. Die Bibel lehrt uns, dass, obwohl wir *»gegen die Gewalten, gegen die Mächte, gegen die Weltbeherrscher dieser*

Finsternis, gegen die Geister der Bosheit in der Himmelwelt« kämpfen, wir am bösen Tag zu widerstehen vermögen, weil wir die *»ganze Waffenrüstung Gottes«* haben (Epheser 6,12-13).

Wie versucht nun der Teufel, Gottes Pläne und Ziele für unser Leben zu vereiteln? Wie kann er uns in den Weg treten, dass es heißt *»Satan hat uns gehindert«*?

Gefahr ist einer seiner dämonischen Tricks. Der Textzusammenhang von 1. Thessalonicher 2,18 schildert bittere Verfolgungen von eigenen Landsleuten, die Paulus daran hinderten, *»zu den Nationen zu reden, damit die errettet werden«*. Und trotzdem werden die Gläubigen mit den mächtigen Worten aus Philipper 1,28-29 ermutigt: *»... und euch in nichts von den Widersachern erschrecken lasst, was für sie ein Beweis des Verderbens ist, aber eures Heils, und das von Gott her! Denn euch ist es im Blick auf Christus geschenkt worden, nicht allein an ihn zu glauben, sondern auch für ihn zu leiden.«*

Schwierigkeiten sind eine weitere List Satans. Sie können einen Gläubigen zur Verzweiflung bringen, weil er in seinem Dienst für Gott keinen Erfolg sieht. Aber wir sollten uns an die Worte des Apostels Paulus in 2. Korinther 4,8-10 erinnern: *»In allem sind wir bedrängt, aber nicht erdrückt; keinen Ausweg sehend, aber nicht ohne Ausweg; verfolgt, aber nicht verlassen; niedergeworfen, aber nicht vernichtet; allezeit das Sterben Jesu am Leib umhertragend, damit auch das Leben Jesu an unserem Leib offenbar werde.«* Wenn wir auf Gottes Treue und Hilfe bauen, wird es dem Feind nicht gelingen, uns durch die Schwierigkeiten den Mut zu nehmen und uns von Gott abzubringen.

Satan ist der Herrscher der Finsternis, und einer seiner Kunstgriffe ist die Finsternis. Er wird *»der Gott dieser Welt«* genannt, der *»den Ungläubigen ... den Sinn verblendet hat«* (2. Korinther 4,4). Aber nicht nur die Ungläubigen, sondern auch die Gläubigen versucht er zu verwirren. Er bemüht sich, den Ungläubigen davon abzuhalten, an Christus als seinen Erlöser zu glauben. Die Gläubigen möchte er daran hindern, den Verheißungen Gottes zu vertrauen.

In der Dunkelheit brauchen wir viel Standhaftigkeit, bis das »Licht der Welt«, unser Herr Jesus, die vom Teufel geschaffene Finsternis vertreibt.

Krankheit ist ein weiterer Umstand, den der Teufel gegen die Kinder Gottes einsetzt. Der *»Dorn für das Fleisch«*, von dem in 2. Korinther 12,7 die Rede ist, wird als *»Engel Satans«*, der den Diener Gottes *»mit Fäusten schlage«*, bezeichnet. Plötzliche Krankheit, wenn ein Diener Gottes mitten in einem gesegneten Dienst steht oder eine neue, verheißungsvolle Aufgabe in Angriff nehmen will, kann in ihm Zweifel aufkommen lassen und ihn seelisch zermürben.

In solch einer Lage müssen wir, wie der Apostel Paulus, lernen, dass Gottes Gnade genügt und dass seine Kraft in der Schwachheit vollendet wird. Dann können auch wir sagen: *»Sehr gerne will ich mich nun vielmehr meiner Schwachheiten rühmen, damit die Kraft Christi bei mir wohne. Deshalb habe ich Wohlgefallen an Schwachheiten, an Misshandlungen, an Nöten, an Verfolgungen, an Ängsten um Christi willen; denn wenn ich schwach bin, dann bin ich stark«* (2. Korinther 12,9-10).

Zweifel ist eine große List des Teufels, unseren Dienst für den Herrn zu beeinträchtigen. Glaube entsteht durch Gottes Wort in unseren Herzen (Römer 10,17). Satan versucht, gerade dieses Wort wegzunehmen, wie er das auch bei dem Sünder tut, dessen Herz unzugänglich ist (Lukas 8,12).

Wenn es dem Feind gelingt, Zweifel an den Verheißungen Gottes in uns zu wecken, ist er auf dem besten Weg, Gottes Willen in unserem Leben zu vereiteln.

Der Teufel ist ein Betrüger, und Täuschung ist ein weiterer Trick, den er gern anwendet. In 1. Chronik 21,1 lesen wir: *»Und Satan stellte sich gegen Israel und reizte*

David, Israel zu zählen.« Trotz der Bemühungen seiner treuen Berater bestand der König David darauf, dem Betrüger zu gehorchen. Das Ergebnis war eine schreckliche Pest im ganzen Land.

Simon Petrus bot dem Feind durch seine Selbstsicherheit eine Angriffsfläche und kam dadurch zu Fall. Der Herr Jesus hatte ihn vorher gewarnt: *»Der Herr aber sprach: Simon, Simon! Siehe, der Satan hat euer begehrt, euch zu sichten wie den Weizen«* (Lukas 22,31).

Der Böse gebraucht noch andere Methoden, zum Beispiel Verzögerung, Entmutigung, Katastrophen oder den sehr menschlichen Wunsch, da zu bleiben, wo wir gerade sind.

All diese Beispiele zeigen uns, auf welch vielfältige Weise der Teufel versucht, die Nachfolger Jesu zu verwirren und in ihrem Dienst lahmzulegen. Mag er sich noch so bemühen, Gottes Pläne in unserem Leben zu vereiteln und uns aus der Fassung zu bringen, wir sollen ihm widerstehen (Jakobus 4,7). Es wird uns gesagt, dass, wenn wir das tun, der Teufel von uns flieht. Auf keinen Fall dürfen wir ihm Raum geben (Epheser 4,27; 1. Petrus 5,9). Wir sollen seinen Ansturm zurückweisen, aber nicht in eigener Kraft gegen ihn ankämpfen oder uns in Argumente einlassen. Wir haben ja Gottes Waffenrüstung; damit können wir siegreich kämpfen. Das Schwert des Geistes ist wirksamer als alle Tricks des Feindes.

Stehe auf der Grundlage des Wortes Gottes und dann gehe im Glauben vorwärts!

10

Selbstsicherheit

»Da befragte David den HERRN: Soll ich gegen die Philister hinaufziehen? Wirst du sie in meine Hand geben? Und der HERR sprach zu David: Zieh hinauf! Denn ich werde die Philister gewiss in deine Hand geben. ... Und David befragte den HERRN; der aber sprach: Du sollst nicht hinaufziehen! Wende dich und fall ihnen in den Rücken, dass du von der Seite der Bakabäume an sie herankommst! Und sobald du das Geräusch eines Daherschreitens in den Wipfeln der Bakabäume hörst, dann beeile dich! Denn dann ist der HERR vor dir ausgezogen, um das Heerlager der Philister zu schlagen.«

(2. Samuel 5,19.23-24)

Selbstsicherheit bildet in jedem Bereich unseres Lebens und besonders in unserer Beziehung zu Gott eine große Gefahr. Es ist immer falsch, Menschen oder Dinge als selbstverständlich anzunehmen - seien es Freunde, unser Geschäft, Gesundheit oder gar Gottes Einverständnis. An jeder Wegbiegung unseres Lebens müssen wir uns vergewissern, ob unsere Beziehung zum Herrn auch stimmt.

Ungewissheit kann unser Gemüt schrecklich belasten. Wenn wir in der Nacht auf einer uns wenig vertrauten Straße fahren, schauen wir an einer Abzweigung vielleicht nur flüchtig auf das Hinweisschild und nehmen an, wir müssten jetzt nach links abbiegen. Je länger wir dann auf dieser Straße fahren - ganz unabhängig von ihrer Beschaffenheit -, desto unsicherer und verwirrter werden wir, nur weil wir nicht mehr völlig davon überzeugt sind, richtig gehandelt zu haben. Wir nehmen zwar an, Linksabbiegen sei richtig gewesen, aber ganz sicher waren wir unserer Sache nicht.

Ganz anders verhält es sich, wenn wir überzeugt sind, die richtige Straße gewählt zu haben. Dann können wir den schlechten Zustand der Straße hinnehmen, auch eventuelle Bauarbeiten und sogar Umleitungen. Wir wissen, dass dies die richtige Straße ist, ganz gleich, was uns begegnet.

Über die Notwendigkeit des Gebets besteht keine Frage, wenn wir der Führung Gottes in unserem Leben sicher sein wollen. König David lernte diese Lektion in seiner frühen Jugend. In aller Treue erfüllte er die ihm von seinem Vater übertragene Aufgabe als Hirte seiner Schafe und nahm es sogar mit Bären und Löwen auf. Nach diesen Bewährungsproben war selbst Goliath kein besonderes Problem mehr für ihn. Und dann kam das ganze Heer der Philister! - Mit den Jahren werden die Probleme ja immer größer und schwieriger, aber die Grundprinzipien zur Lösung bleiben stets einfach und unkompliziert.

Als David die Philister sah, fürchtete er sich nicht vor ihnen, aber er wollte bestätigt wissen, dass Gott in diesem Kampf mit ihm war. Darum befragte David den Herrn: *»Soll ich gegen die Philister hinaufziehen? Wirst du sie in meine Hand geben? Und der HERR sprach zu David: Zieh hinauf! Denn ich werde die Philister gewiss in deine Hand geben«* (2. Samuel 5,19).

Der König betete, und Gott erhörte ihn. David und seine Leute errangen einen glänzenden Sieg (2. Samuel 5,20). Aber mit diesem Sieg war der Krieg noch nicht zu Ende. Wieder zogen die Philister gegen Israel und *»breiteten sich in der Ebene Rephaim aus«*, wie sie es kurz zuvor auch getan hatten. Damit geriet der König in die

Versuchung, ohne Gott zu handeln. Unter genau den gleichen Umständen hatte seine Armee ja bereits einen glänzenden Sieg davongetragen. Wäre es jetzt nicht eine Kleinigkeit, diesen Sieg zu wiederholen? Eigentlich lag gar keine Veranlassung vor, erst zu beten. Gott hatte ihn bei der vorigen Gelegenheit nicht im Stich gelassen; so brauchte er, David, doch jetzt nur die gleichen Methoden anzuwenden. Er hatte doch Erfahrung. Aber gerade das wäre der Gipfel der Anmaßung gewesen.

Vielleicht erinnerte sich David an die Erfahrungen seiner Vorväter in den Tagen Josuas. Nach der Zerstörung Jerichos musste als nächste Stadt Ai erobert werden. Josua sandte eine Gruppe Soldaten aus, um die Lage zu erkunden. Bei ihrer Rückkehr nach Jericho berichteten sie Josua: *»Es muss nicht das ganze Volk hinaufziehen. Etwa zweitausend oder dreitausend Mann mögen hinaufziehen und Ai schlagen. Bemühe nicht das ganze Volk dorthin, denn sie sind nur wenige!«* (Josua 7,3). So wurde nur eine kleine Gruppe von Männern entsandt - *»... aber sie flohen vor den Männern von Ai. ... Da zerschmolz das Herz des Volkes und wurde zu Wasser«* (Josua 7,4b.5b). Völlig verzweifelt fiel Josua vor dem Herrn auf die Erde und klagte, dass er und seine Leute doch lieber auf der anderen Seite des Jordan hätten bleiben und gar nicht erst versuchen sollen, das Land der Verheißung einzunehmen - obwohl Gott es ihnen doch geboten hatte!

Dann zeigte Gott Josua, dass Sünde im Lager war. Das sei die Ursache für diese demütigende Schlappe gewesen, und sie könnten nicht eher siegen, bis das Böse entfernt sei. Josua erhob sich und brachte diese Sache in Ordnung. Dann war die Zeit gekommen, Ai nochmals anzugreifen.

Diesmal gab Gott Josua seine Anweisungen: *»Und der HERR sprach zu Josua: Fürchte dich nicht und erschrick nicht! Nimm das ganze Kriegsvolk mit dir und mache dich auf, zieh hinauf nach Ai! Siehe, ich habe den König von Ai* *sowie sein Volk, seine Stadt und sein Land in deine Hand gegeben«* (Josua 8,1). Und so geschah es tatsächlich. Durch diese Erfahrung lernte Josua, nicht ohne weiteres anzunehmen, Gott werde immer mit ihm sein, wenn sich die Situationen auch sehr ähnelten. Gottes Führung wird nicht notwendigerweise jedes Mal so aussehen, wie wir sie in der Vergangenheit erlebt oder wie andere sie erfahren haben. Jede Erfahrung lehrt uns geistliche Wahrheiten, die uns in weiteren Situationen eine Hilfe sein werden.

Wir an König Davids Statt wären sicher versucht gewesen, unsere Streitkräfte zu sammeln und ohne Zögern dem Feind entgegen zu marschieren. So haben wir es früher gemacht; darum können wir es jetzt wieder so machen meinen wir. Aber statt anzunehmen, er könne in der gewohnten Weise vorgehen, befragte David erst den Herrn. Diesmal wies ihn der Allmächtige an, den Feind nicht direkt anzugreifen, sondern einen Hinterhalt zu legen. Außerdem wurde der Zeitpunkt des Angriffs von dem Rauschen des Windes in den Bäumen abhängig gemacht. *»Und sobald du das Geräusch eines Daherschreitens in den Wipfeln der Bakabäume hörst, dann beeile dich! Denn dann ist der HERR vor dir ausgezogen, um das Heerlager der Philister zu schlagen. Da machte David es so, wie der HERR ihm geboten hatte. Und er schlug die Philister von Gibeon an, bis man nach Geser kommt«* (2. Samuel 5,24-25).

Manchmal ist ein Umweg sogar der kürzere Weg zu unserem gewünschten Bestimmungsort. Was den Truppen als Zeitverschwendung erschien, erwies sich als der günstigste Zeitpunkt. Ob Davids Leute wohl den Grund für den langen Marsch um den Feind herum verstanden? Ohne Zweifel hätten sie lieber sofort angegriffen. Wahrscheinlich hatte ihnen der König jedoch gesagt, welche Anweisungen er von Gott erhalten hatte. Vielleicht hielt er es aber auch für besser, die Taktik geheim zu halten. Es ist zweifellos eine Prüfung unserer

Treue Gott gegenüber und ebenso echter Führerschaft in seinem Dienst, wenn wir ihm, dem Allmächtigen, gehorchen - besonders dann, wenn wir anderen die Sache nicht erklären können oder sie uns Vorwürfe machen.

Rudyard Kipling hatte Recht, als er sagte: »Wenn du einen klaren Kopf behalten kannst, während alle um dich herum durchdrehen und dir die Schuld dafür geben; wenn du dir deiner Sache sicher bist, obwohl alle anderen an dir zweifeln und doch Grund für ihre Zweifel besteht; wenn du warten kannst und des Wartens nicht müde wirst; wenn Lügen über dich verbreitet werden und du dennoch bei der Wahrheit bleibst; oder wenn du gehasst wirst und du doch dem Hass in deinem Herzen keinen Raum gibst; wenn du dich dabei nicht ins beste Licht stellst noch zu kluge Reden führst - dann bist du wahrhaft ein Mann, mein Sohn!«

Schweigender Gehorsam Gott gegenüber kann ein Beweis höchsten Mutes und eines von Jesus Christus geprägten Charakters sein, zugleich aber auch das beste und wirkungsvollste Verfahren in einer bestimmten Situation. Vielleicht ist das im Augenblick dein Problem. Sei bereit, auf Gottes Führung zu warten, und offen für jeden Wink Gottes, wenn er dir eine Aufgabe zeigen will, die dir und anderen völlig fremd ist. Auf jeden Fall hüte dich vor jeder Art von Selbstsicherheit, die so leicht aus Stolz und Ungeduld erwächst.

11

Lobpreis

»Unser Gott, willst du sie nicht richten? Denn in uns ist keine Kraft vor dieser großen Menge, die gegen uns kommt. Wir erkennen nicht, was wir tun sollen, sondern auf dich sind unsere Augen gerichtet.«
(2. Chronik 20,12)

Joschafat, der im 9. Jahrhundert vor Christus lebte, war nicht der einzige König, der in höchster Not für sein gefährdetes Volk und für sich selbst zu Gott betete. Hier folgt ein Gebet eines Königs aus dem 9. Jahrhundert nach Christus, des Königs Alfred des Großen, des Monarchen der Angelsachsen.

»Herr Gott, Allmächtiger, Schöpfer und Herrscher aller Kreatur, ich bitte dich um deiner großen Barmherzigkeit willen, du wollest mich besser führen, als ich es selbst vermöchte. Schütze mich gegen meine Feinde, die sichtbaren und die unsichtbaren, und lehre mich, deinen Willen zu tun, so dass ich dich mehr liebe als alles andere, mit einem reinen Herzen und einem reinen Leib. Denn du bist unser Schöpfer und Erlöser, unsere Hilfe, unser Trost, unser Vertrauen und unsere Hoffnung. Preis und Ehre sei dir, jetzt und allezeit in Ewigkeit. Amen.«

Menschliche Verlegenheiten können zu Gottes Gelegenheiten werden, wenn wir ihm erlauben, uns zu der von ihm bestimmten Zeit und auf seine Weise zu helfen. Kein Problem ist für ihn zu groß, und im Blick auf seine Allmacht und nie versagende Treue braucht auch für uns kein Problem zu groß zu sein. Er kann es lösen. Nehmen wir nur die großartige Verheißung aus 1. Korinther 10,13, die uns zusagt: »*Keine Versuchung hat euch ergriffen als nur eine menschliche; Gott aber ist treu, der nicht zulassen wird, dass ihr über euer Vermögen versucht werdet, sondern mit der Versuchung auch den Ausgang schaffen wird, so dass ihr sie ertragen könnt.*«

Unsere Schwierigkeiten geben dem Allmächtigen die Gelegenheit, uns seine Treue und Barmherzigkeit zu zeigen. Ungewissheit ist schwer zu ertragen, aber heilsam für unser Herz. Sie kann der Vorläufer einer großen Freude sein, wenn wir dem Herrn vertrauen und ihm gehorchen. Geben wir jedoch der Verzweiflung Raum, kann die Verwirrung in unserem Gemüt zu einer Katastrophe führen.

Wenn wir vor Angst nicht mehr aus noch ein wissen, sollen wir Gott vertrauen. In Psalm 56,4 zum Beispiel heißt es deshalb: »*An dem Tag, da ich mich fürchte - ich, ich vertraue auf dich.*« Sind wir bestürzt, sollen wir uns Gottes Güte ins Gedächtnis rufen. Ist die Lage, menschlich gesehen, hoffnungslos, sollen wir Gottes Verheißungen und seiner Fürsorge vertrauen. Stehen wir unter irgendeinem Druck, sollen wir Gott loben und danken, denn das erfreut sein Herz. Dann teilen wir das starke Vertrauen des Psalmisten, der in der größten Not voller Zuversicht schrieb: »*Was bist du so aufgelöst, meine Seele, und was stöhnst du in mir? Harre auf Gott! - denn ich werde ihn noch preisen, das Heil meines Angesichts und meinen Gott*« (Psalm 42,12). Die gleiche Zuversicht kommt in Psalm 50,23 zum Ausdruck: »*Wer Dank opfert, verherrlicht mich und bahnt einen Weg; ihn werde ich das Heil Gottes sehen lassen.*«

König Joschafat und sein Volk erfuhren ganz real, wie sich Gott ihrer annahm, als sich das Volk in höchster Not und Gefahr befand. Die grimmigen Feinde Judas, die Ammoniter und Moabiter, hatten das Volk angegriffen. Als die Nachricht von der Invasion den König erreichte, *»fürchtete sich Joschafat und richtete sein Angesicht darauf, den HERRN zu suchen. Und er rief ein Fasten aus in ganz Juda«* (2. Cronika 20,3). In Gegenwart des Volkes flehte er ernstlich für sie zu Gott um Hilfe. Er wusste, dass die Lage hoffnungslos war - es sei denn, der Allmächtige würde eingreifen. Sein Gebet, das wir in 2. Chronik 20,6-12 finden, ist ein ausgezeichnetes Beispiel erhörlichen Betens. Es ging von den Tatsachen aus, war konkret, inbrünstig und glaubensvoll, obwohl Joschafat keine Ahnung hatte, wie oder wann ihnen Gott helfen würde.

Joschafat ging in seinem Gebet davon aus, dass Gott, der Schöpfer des Himmels und der Erde, der Gott Israels war. Der König fragte: *»HERR, Gott unserer Väter, bist du es nicht, der da Gott im Himmel ist, und bist nicht du Herrscher über alle Königreiche der Nationen?«* Es gibt einen altmodischen, aber biblischen Zustand, den man bezeichnen könnte als »auf Gebetsgrund stehen«. Das traf auf Joschafat zu. Auch uns sagt das Wort ganz klar: *»Daher sollen auch die, welche nach dem Willen Gottes leiden, einem treuen Schöpfer ihre Seelen anbefehlen im Gutestun«* (1. Petrus 4,19).

Der König betete ernst und aufrichtig, und wir stimmen in sein Gebet mit ein: *»Wir erkennen nicht, was wir tun sollen, sondern auf dich sind unsere Augen gerichtet.«* Für uns ist es nur wichtig zu wissen, dass Gott alles weiß, auch wenn wir uns nicht vorstellen können, wie er uns helfen wird.

Nachdem wir gebetet haben, sollen wir still in Gottes Gegenwart bleiben, so wie der König und sein Volk es taten. Wir brauchen diese Stille vor Gott, um hören zu können, was er uns zu sagen hat. Der Heiland lehrt uns, dass wir nicht um unserer vielen Worte willen gehört werden. Wir sollen still sein und erkennen, dass der Herr Gott ist (Psalm 46,11).

Die göttliche Antwort kam für Joschafat umgehend. Der Geist Gottes sprach durch einen Menschen, der in der Nähe war: »*Und er sprach: Merkt auf, ganz Juda und ihr Bewohner von Jerusalem und du, König Joschafat! So spricht der HERR zu euch: Fürchtet euch nicht und seid nicht niedergeschlagen vor dieser großen Menge! Denn der Kampf ist nicht eure Sache, sondern Gottes! ... Nicht ihr werdet dabei kämpfen müssen. Tretet hin, steht und seht die Rettung des HERRN, die er euch verschafft, Juda und Jerusalem! Fürchtet euch nicht und seid nicht niedergeschlagen! Zieht ihnen morgen entgegen, und der HERR wird mit euch sein!*« (2. Chronik 20,15.17).

Der Heilige Geist spricht durch die Heilige Schrift zu uns, denn: »*Also ist der Glaube aus der Verkündigung, die Verkündigung aber durch das Wort Christi*« (Römer 10,17). Wenn uns der Heilige Geist erst einmal durch das Wort Gottes Gewissheit geschenkt hat, sollen wir, wie der König Joschafat, Gott anbeten, ihm glauben und ihn preisen. Joschafat wies seine Leute an: »*Glaubt an den HERRN, euren Gott, dann werdet ihr bestehen! Glaubt seinen Propheten, dann wird es euch gelingen!*« (2. Chronik 20,20b).

Von diesem Zeitpunkt an war es nicht mehr nötig zu beten, sondern nur noch, Gott zu preisen. Voll Dankbarkeit und Freude zog das Volk in den Kampf. »*Und zu der Zeit, da sie mit Jubel und Lobgesang anfingen, legte der HERR einen Hinterhalt gegen die Söhne Ammon, Moab und die vom Gebirge Seir, die gegen Juda gekommen waren; und sie wurden geschlagen*« (2. Chronik 20,22).

Das gilt auch für uns, die wir beständig Gottes Führung und Gnade nötig haben. Nachdem wir im Gebet gesagt haben: »*Wir erkennen nicht, was wir tun sollen, sondern auf dich sind unsere Augen gerichtet*«, müssen wir Gottes Verheißung annehmen und glauben. Gottes Wort ermahnt uns: »*Seid um nichts besorgt, sondern in allem sollen durch Gebet und Flehen mit Danksagung eure Anliegen vor Gott kundwerden; und der*

Friede Gottes, der allen Verstand übersteigt, wird eure Herzen und eure Gedanken bewahren in Christus Jesus« (Philipper 4,6-7).

Flehen mit Danksagung, Gebet mit Lobpreis - ein solches Gebet des Glaubens wird erhört. Joschafat und seine Leute errangen an dem Tag, als sie Gott priesen, einen überwältigenden Sieg. Das Gleiche können wir - du und ich - auch heute noch erleben.

12

In Ausweglosigkeiten

»Mich hat der HERR den Weg ... geführt.«
(1. Mose 24,27b)

Als ich im Büro der Flughafengesellschaft im Zentrum von Athen stand, schaute ich zum Herrn auf und betete: »Lieber Herr, sollen wir unsere Reise fortsetzen oder umkehren?«

Ich musste Gottes Willen sofort erfahren. Mit einem Begleiter, Dr. E. Joseph Evans aus Boston, Treuhänder des Wheaton College, war ich auf dem Weg zum alten Königreich von Äthiopien. Der Kaiser selbst hatte uns eingeladen, die Schulen seiner Majestät kennen zu lernen. Dr. Evans und ich hatten eine Woche in Griechenland verbracht, um einige Aufbauarbeiten nach dem Zweiten Weltkrieg zu beaufsichtigen und um unsere Glaubensgeschwister dort zu ermutigen. Diesen Auftrag hatten wir erfüllt und sollten fahrplanmäßig am frühen Montagmorgen von Athen nach Kairo fliegen und von dort nach Addis Abeba, der Hauptstadt Äthiopiens. Vom Erziehungsministerium hatten wir Nachricht bekommen, dass unsere Visa in der Äthiopischen Botschaft in Kairo für uns bereit lagen. Außerdem flog das einzige Flugzeug in der Woche von Ägypten nach Äthiopien um vier Uhr am Mittwochmorgen. Deshalb war es von größter Wichtigkeit, dass wir Kairo am Montag erreichten, um am Dienstag unsere Visa abholen und weitere eventuelle Formalitäten erledigen zu können. Am frühen Montagmorgen sprachen wir im Büro der Flughafengesellschaft am Constitution Square in Athen vor und erfuhren lediglich, dass das Flugzeug Verspätung haben würde. Wir würden rechtzeitig benachrichtigt werden, um zum Büro zurückzukehren und zum Flughafen gebracht zu werden. Den ganzen Tag warteten wir auf diese Nachricht, aber vergeblich. Auch in der Nacht hörten wir nichts. Früh am Dienstagmorgen erkundigten wir uns und erfuhren, dass das Flugzeug immer noch nicht von Rom in Richtung Athen abgeflogen sei. Die Zeit verstrich. Es war inzwischen zu spät für uns, die notwendigen Vorbereitungen für die Verbindung in Kairo zu treffen.

Es wurde Mittag, aber es kam immer noch keine Antwort. Am frühen Nachmittag stand außer Zweifel, dass wir Kairo nicht rechtzeitig erreichen würden, um unsere Visa abholen und das Flugzeug am Mittwochmorgen um vier Uhr erreichen zu können.

Still betete ich um Gottes Führung. Es wäre eine Enttäuschung gewesen, an diesem Punkt umkehren zu müssen, aber andererseits konnten wir auch nicht eine ganze Woche in Ägypten bleiben und auf das nächste Flugzeug warten.

»Gehe so weit du kannst!« Ganz still aus der Tiefe meines Herzens war dieses Wort empor gestiegen. Bis zu diesem Augenblick wussten wir uns im Zentrum des Willens Gottes. Hatten wir uns geirrt, als wir die Einladung nach Äthiopien annahmen - jetzt, da die Tür offenbar verschlossen war?

»Geh so weit du kannst!« Das Wort hatte für mich einen heimatlichen Klang. Ich erinnerte mich an einen Vorfall aus dem Anfang meines Glaubenslebens. Die Erste Amerikanische Division war die letzte Kampfeinheit, die Frankreich und Deutschland im Spätsommer des Jahres 1919 verließ. Daher wurde ich erst Ende September aus der Armee entlassen. Ich hatte zwar gedacht, ins erste Semester der Universität Illinois einsteigen zu können, aber bis ich Zivilist wurde und die Uniform abgelegt hatte, war ich schon drei Wochen zu spät dran. Außerdem hörte ich zu Hause von einigen meiner früheren Schulkameraden, die im vorigen Jahr an dieser Universität studiert hatten, dass in Illinois nicht einmal zu Höchstpreisen Zimmer für Studenten zu bekommen wären. Ich ließ mich jedoch nicht entmutigen, sondern wollte einen Versuch wagen. Während des Nachmittags jenes ersten Tages, als ich auf ein Gespräch mit Dean Babcock vom »College der freien Künste und Wissenschaften« wartete, betrachtete ich die Menge der Studenten, die von einem Hörsaal in den anderen strömten. Einer von ihnen blieb bei mir stehen und grüßte mich freundlich. Wir kannten uns von der Oberschule her.

»Hast du schon ein Zimmer gefunden?«, fragte er mich. Als ich verneinte, gab er mir seine Adresse und sagte: »Wir werden schon einen Platz für dich finden.« Und sie schafften es. Auf diese Weise wohnte ich zwei Jahre mit einer prächtigen Gruppe junger Männer zusammen.

Meine Verantwortung war es, so weit zu gehen, wie ich konnte - dann sandte Gott einen Freund, um mir den nächsten Schritt zu zeigen.

Bist du unter Gottes Leitung und Fürsorge so weit gegangen, wie es dir möglich war? Abrahams Diener tat genau das. Er hatte strikte Anweisungen erhalten, in das Land zu gehen, von dem Abraham ausgezogen war, um unter seiner Verwandtschaft eine Frau für seinen Sohn Isaak zu suchen (1. Mose 24,4). Abraham versicherte seinem Diener, dass Gott einen Engel vor ihm her senden würde (1. Mose 24,7), und so zog er los. Nach einem langen Weg erreichte er das betreffende Dorf. Alle Menschen dort waren ihm fremd. Bisher hatte er Gottes Führung erlebt, doch jetzt kam die große, entscheidende Frage: »Welches der jungen Mädchen ist wohl das richtige für Isaak?«

Abrahams Diener tat genau das, was wir unter ähnlichen Umständen auch tun sollten. Im Gebet brachte er seinen Dank für Gottes Hilfe bis zu jenem Augenblick zum Ausdruck. Dann bat er Gott, durch ein bestimmtes Zeichen deutlich zu machen, welche die richtige von Gott erwählte Frau für Isaak sei. Hören wir sein Gebet: *»HERR, Gott meines Herrn Abraham, lass es mir doch heute begegnen, und erweise Gnade an meinem Herrn Abraham! Siehe, ich stehe an der Wasserquelle, und die Töchter der Leute der Stadt kommen heraus, um Wasser zu schöpfen. Möge es nun geschehen: Das Mädchen, zu dem ich sagen werde: ›Neige doch deinen Krug, dass ich trinke!‹ und das dann sagt: ›Trinke! Und auch deine Kamele will ich tränken‹, das soll es sein, das du für deinen Knecht Isaak bestimmt hast! Und daran werde ich erkennen, dass du an meinem Herrn Gnade erwiesen hast«* (1. Mose 24,12-14).

Fast noch bevor er dieses kurze Gebet beendet hatte, erschien die Antwort in der Gestalt von Rebekka, die sich sogleich anbot, die durstigen Kamele zu tränken - eine außergewöhnliche Arbeit für ein junges Mädchen, und besonders einem Fremden gegenüber. Ihre ganze Haltung und Handlung bewies ihr gütiges und freundliches Wesen. Anbetend neigte Elieser Haupt und Herz, und aus seinem Gebet sehen wir, dass ihm bewusst war, auf dem richtigen Weg zu sein. Gott hatte ihn geleitet, so dass er seinen Auftrag erfüllen konnte.

Kurz nach meinem Gebet in Athen erhielten wir die Mitteilung, dass das Flugzeug innerhalb einer Stunde erwartet würde. Dr. Evans und ich gingen zum Flughafen und bestiegen das Flugzeug nach Kairo. Als wir gegen halb zehn Uhr am Abend ankamen, landete das große amerikanische Flugzeug gerade neben einer kleinen C-47-Maschine mit einem aufgemalten Löwen, dem Zeichen der Äthiopischen Fluglinien! Aber wir hatten keine Visa, um dieses Flugzeug zu besteigen!

Als ich in der Reihe stand, wo wir unsere Pässe abgestempelt bekamen, kam ein Fremder vorbei, der sich als ein Vertreter von »Trans World Airlines« vorstellte. Er erkundigte sich nach unserem Problem und sagte, er würde sich für die Beförderung unseres Gepäcks einsetzen und uns am nächsten Morgen um vier Uhr ans Flugzeug bringen. Visa brauchten wir nicht. - Wir waren so weit gegangen, wie wir konnten, und da wir uns in Übereinstimmung mit Gottes Willen befanden, wurden wir auch von ihm geleitet. So sichtbar, wie Rebekka als Antwort auf das Gebet des Knechtes kam, so erschien dieser Vertreter zur rechten Zeit, um uns zu helfen.

Vielleicht stehst auch du jetzt gerade vor einer Entscheidung. Der Weg erscheint dir völlig blockiert, und du weißt nicht, ob du umkehren oder weitergehen sollst. Du bist dir bewusst, bis jetzt von Gott geführt worden zu sein. Aber nun sieht es so aus, als ob du an das Ende des Weges gekommen seist. Aber du weißt - wie damals Abrahams Diener und viele Christen im Laufe der Jahrhunderte -, dass du dich im Zentrum des Willens Gottes befindest. Also übergib die ganze Angelegenheit dem Herrn. Wenn du in deiner Ausweglosigkeit betest, dann preise Gott auch für seine Güte. Das Hindernis auf dem Weg mag nach einer Aufforderung zur Umkehr aussehen, aber es kann auch bedeuten, dass du einen weiteren Schritt vorwärts gehen sollst; und schon morgen mag sich ein Weg auftun, wo heute noch keiner zu sehen ist.

Unsere Sache ist es, Gott im Gehorsam zu folgen. Dabei erfahren wir die Freude zu wissen: *»Mich hat der HERR den Weg ... geführt.«*